KB275575

기대할게, 파리

아티스트의 영감을 자극하는 '빛의 도시'

기대할게, 파리

캣 세토 지음 · 김난령 옮김

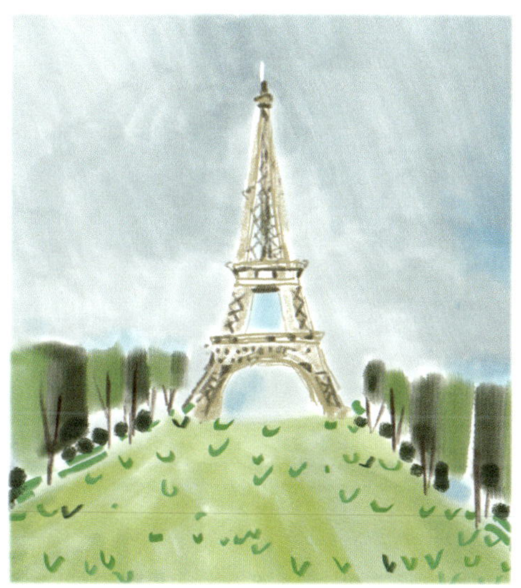

SYMPOSIA

기대할게, 파리

초판 1쇄 인쇄 2017년 6월 20일
초판 1쇄 발행 2017년 6월 26일

지은이 캣 세토
옮긴이 김난령
펴낸이 서덕일
펴낸곳 심포지아
책임편집 김소현
디자인 유예지
마케팅 박예진

출판등록 2014.12.24 (제2014-73호)
주소 경기도 파주시 회동길 366 (10881)
전화 (02)499-1281~2 팩스 (02)499-1283
전자우편 info@bookmoon.co.kr

값 14,000원
ISBN 979-11-954456-4-6 (13920)

빛의 도시와
내 마음 속의 빛, 놀란에게

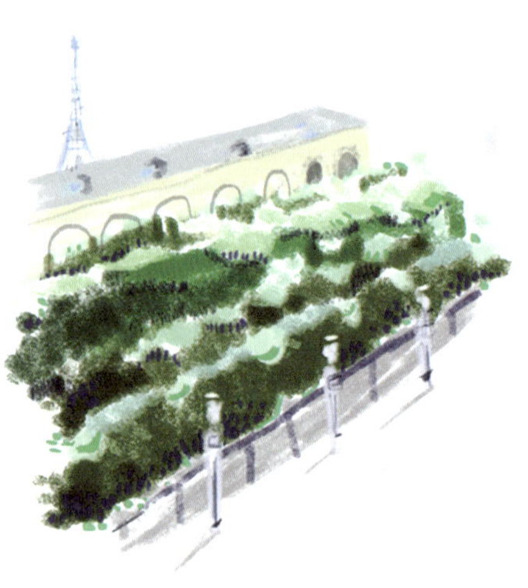

들어가며

"나는 당신을 보고 있었어요, 아름다운 여인. 그러면서 생각했죠. 이제 당신은 내 거라고. 당신이 누굴 기다리고 있든, 그리고 내가 당신을 다시는 볼 수 없을 지라도 말이에요. 당신은 내 소유고 모든 파리가 다 내 소유이며, 나는 이 공책과 이 연필의 소유랍니다."

— 어니스트 헤밍웨이

내가 파리를 처음으로 방문한 때는 나의 창조적 에너지가 고갈된 듯한 느낌이 들었던, 그래서 여행을 하면 스트레스도 풀리고 새로운 영감을 얻을 수 있을지 모른다고 생각했던 꽤 나이가 들었을 때였다. 파리에 입성할 때 나는 택시 창문에 머리를 기댄 채 졸고 있었는데, 친밀한 느낌의 색채와 건축물, 그리고 예전에는 한 번도 보지 못했던 디테일들이 시야에 들어오자 반쯤 감겼던 눈이 번쩍 떠졌다. 갑자기 콩코르드 광장 쪽으로 급커브를 도는 택시에 실려 한쪽으로 쏠린 몸을 지탱하려고 손바닥으로 차창을 짚던 그 순간에도 나는 알아채지 못했다. 내 인생을 바꾸어줄, 진기하고 시각적 즐거움이 가득한 여행이 시작되고 있었음을. 그리고 그 여행으로 인해 내가 완전히 변화될 것이고, 한 사람의 아티스트이자 디자이너로서 그 도시와 강한 정서적 유대를 맺게 될 거라는 사실도…

Contents

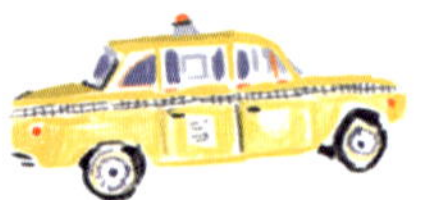

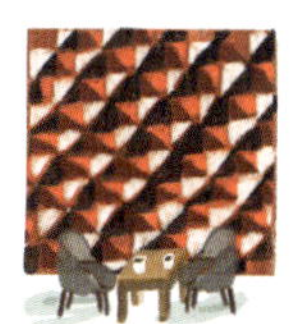

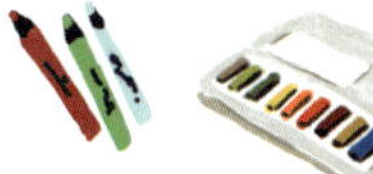

chapter 1

파리의 색

•

색의 주요한 네 가지 속성은 색상, 채도, 명도, 색조다.
색상은 색깔명으로 규정되는 색 자체가 갖는 고유의
특성을 말하고, 채도는 색의 선명도를 규정한다. 명도
는 색의 밝고 어두움을 나타내며, 색조는 순색에 화이
트나 블랙이 혼합되는 양에 따라 옅어지거나 짙어지는
상태를 말한다.

color

파리를 여행하면서 내 인생의 컬러 팔레트가 바뀌었다. 색채는 광대한 역사와 문화를 가진 이 도시만의 독특한 방식으로 그 빛을 발한다. 외견상으로는 잘 보이지 않지만 도시의 속살을 다채롭게 물들이고 있는 것이다. 페인트칠한 가정집 대문이나 가게 입구, 멋쟁이 파리 여인들의 반짝이는 입술, 혹은 이 도시의 수많은 케이크 가게와 초콜릿 가게에 진열된 디저트들을 통해 이루어지는 색채와의 만남은 예전에는 겪어보지 못한 새로운 경험이었다.

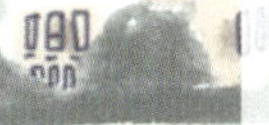

베르티용

29-31 Rue Saint-Louis en L'île **|** 75004

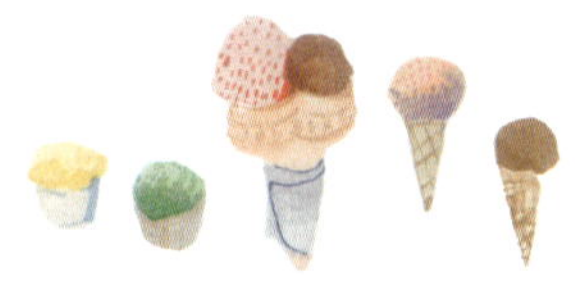

클로드 모네

모네 씨, 당신의 말에 격하게 동의하긴 하지만 나에게는 집착이요 기쁨이자 고뇌의 대상이 색채 말고도 하나 더 있었으니, 그건 바로 아이스크림!

생루이 섬에 위치한 베르티용은 오직 천연 재료만으로 맛을 내는 정통 아이스크림으로 유명하다. 가게 밖은 영국 여왕도 먹고 반했다는 아이스크림을 맛보려고 찾아온 사람들로 늘 장사진을 이룬다. 나도 그 긴 줄에 끼어 서서 마치 스파이처럼 유혹적인 제물들로 가득한 아이스크림 통들을 염탐한 적이 한두 번이 아니었다. 내가 맛본 아이스크림은 피스타치오와 배 아이스크림. 아이스크림을 한 입 먹었을 때 입안에 가득 퍼지는 그 오묘한 맛을 어떻게 설명할 수 있을까? 마치 질 좋은 유화 물감이나 투명한 수채 물감 중에서 가장 순수하다고 느껴지는 색을 골라 새하얀 캔버스에 칠할 때 느끼는 그런 기분이랄까?

BERTHILLON

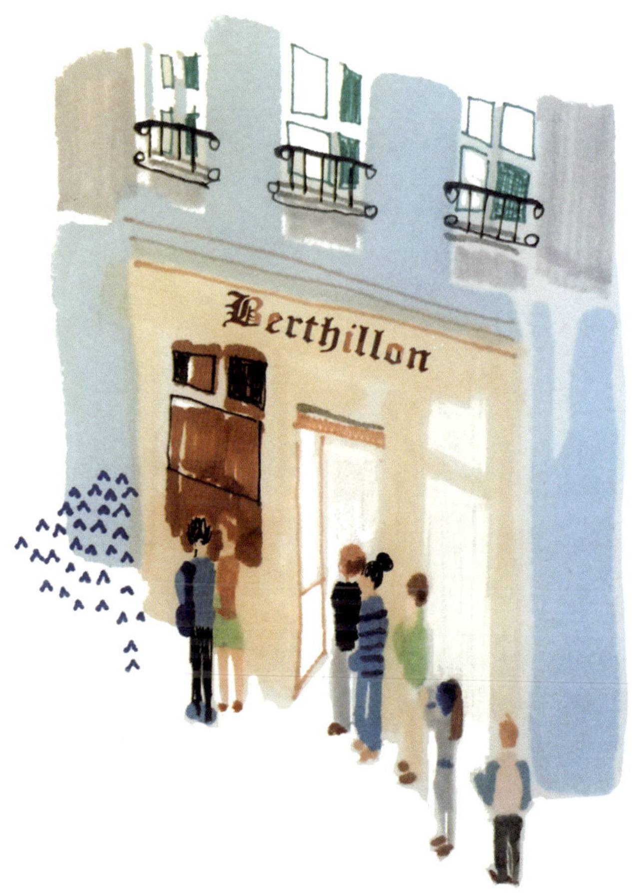
Berthillon

- pistache 피스타치오
- citron vert 라임
- mandarine 밀감
- cassis 산앵두
- melon 멜론
- fraise 딸기
- ananas 파인애플
- vanille 바닐라
- chocolat mendiant 망디앙 초콜릿
- chocolat noir 다크 초콜릿
- caramel 캐러멜
- praline 프랄린
- pignons 잣
- moka café 모카커피
- noix de coco 코코넛

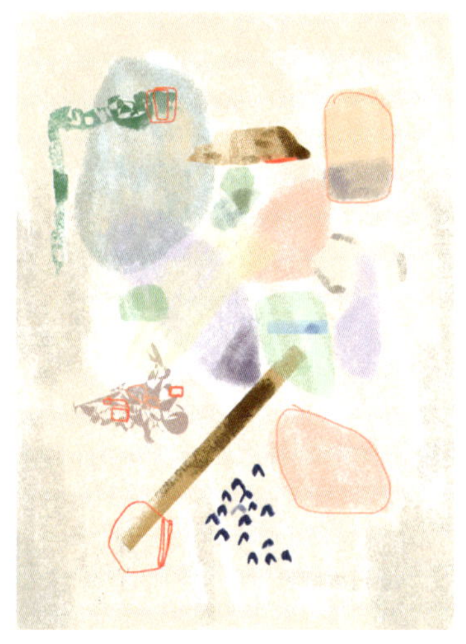

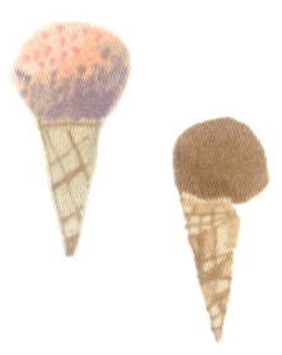
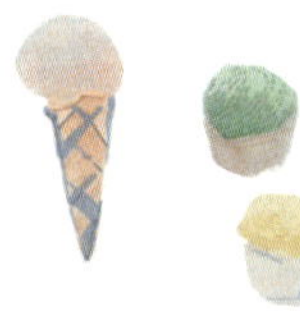
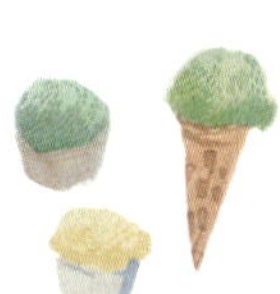
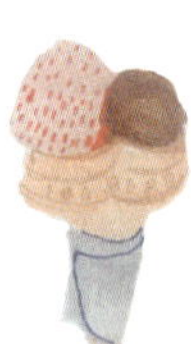

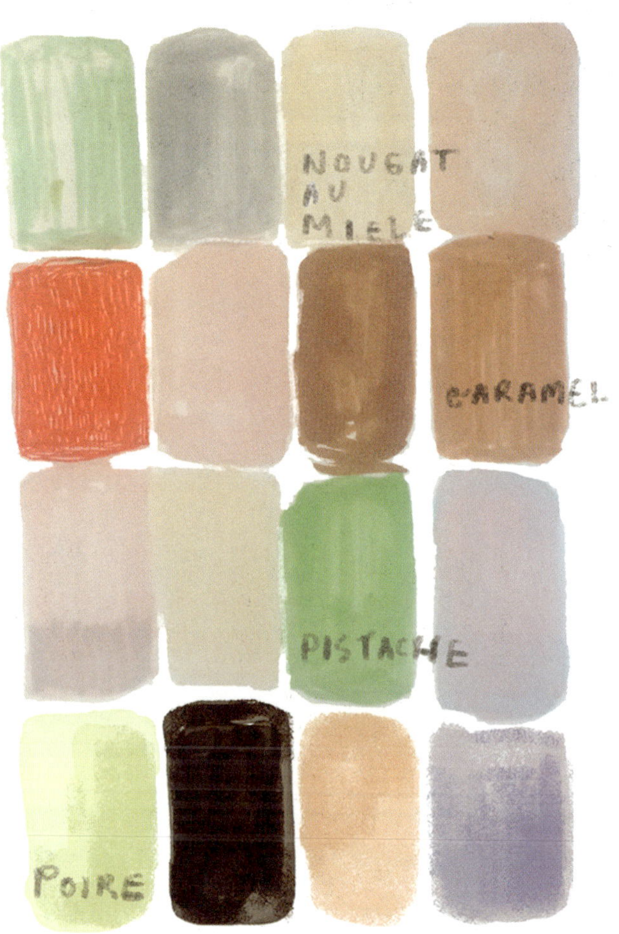
NOUGAT AU MIEL
CARAMEL
PISTACHE
POIRE

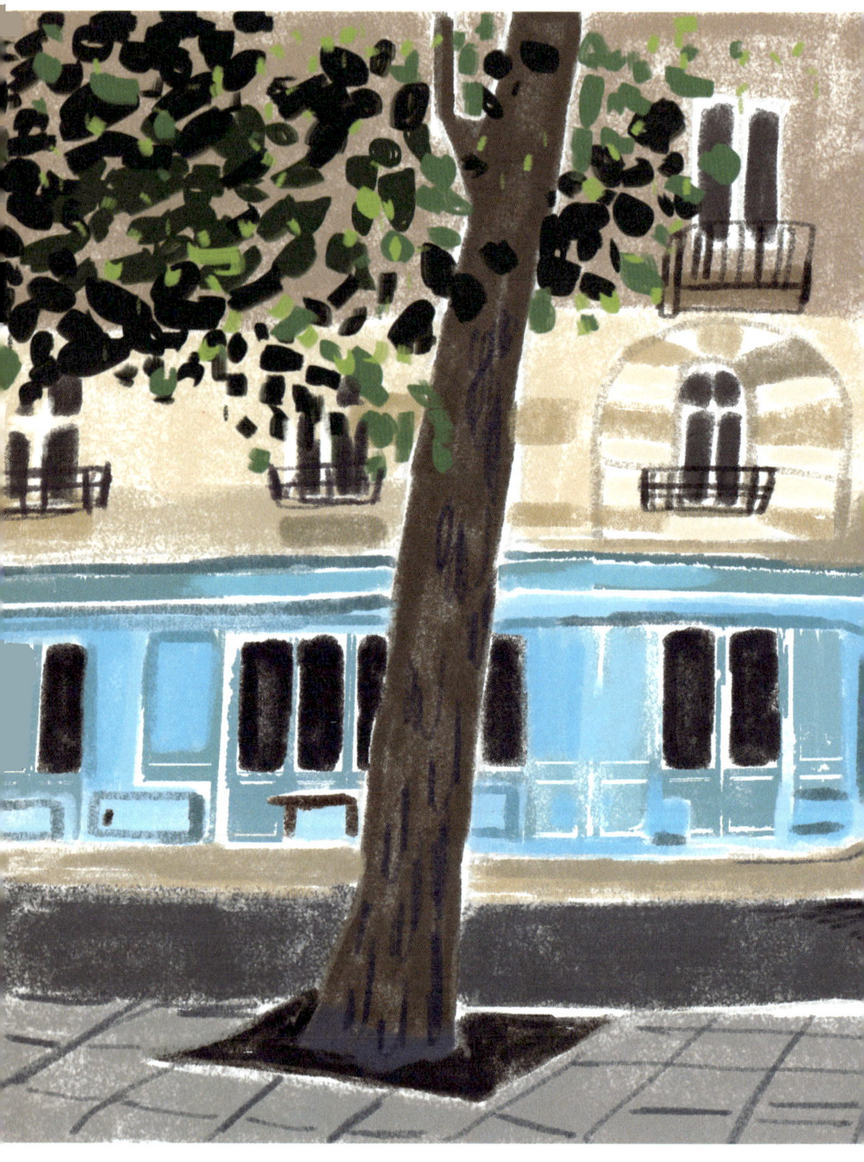

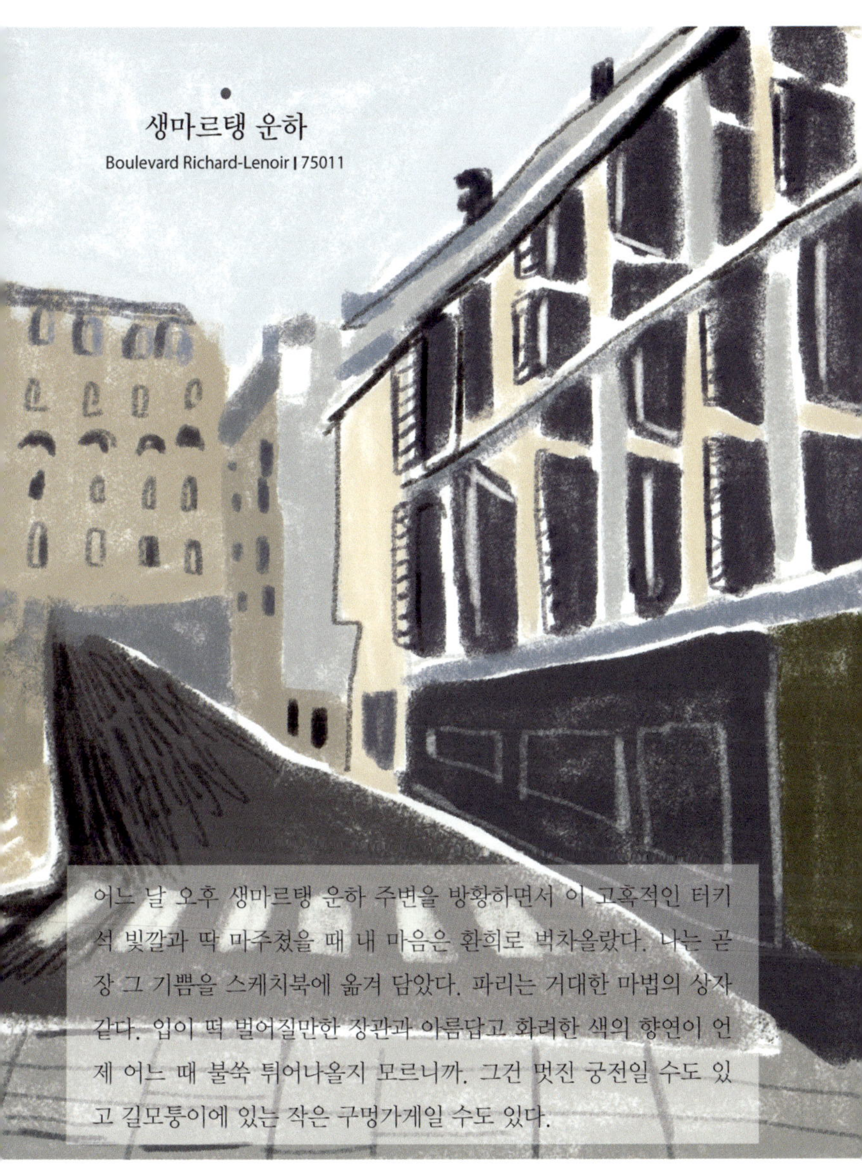

어느 날 오후 생마르탱 운하 주변을 방황하면서 이 고혹적인 터키석 빛깔과 딱 마주쳤을 때 내 마음은 환희로 벅차올랐다. 나는 곧장 그 기쁨을 스케치북에 옮겨 담았다. 파리는 거대한 마법의 상자 같다. 입이 떡 벌어질만한 장관과 아름답고 화려한 색의 향연이 언제 어느 때 불쑥 튀어나올지 모르니까. 그건 멋진 궁전일 수도 있고 길모퉁이에 있는 작은 구멍가게일 수도 있다.

메디치 분수

Jardin du Luxembourg | 75006

메디치 분수는 뤽상부르 정원 내에서 가장 아늑하고 신록의
푸름을 한껏 만끽할 수 있는 곳이다. 녹색 계열 색상들의
농후하고도 친밀한 춤사위는 마치 뮤즈의 속삭임처럼 나의
상상력을 자극한다.

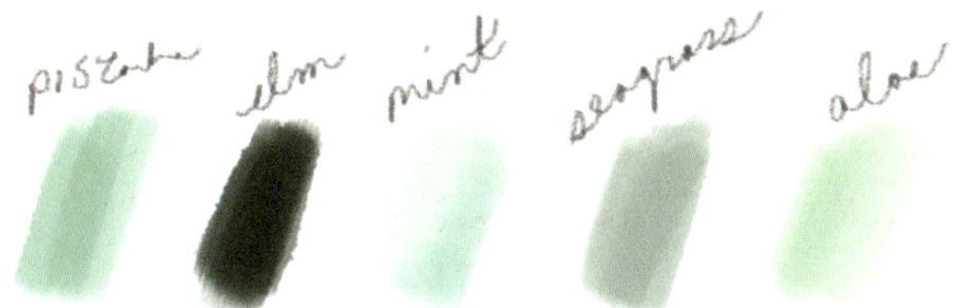

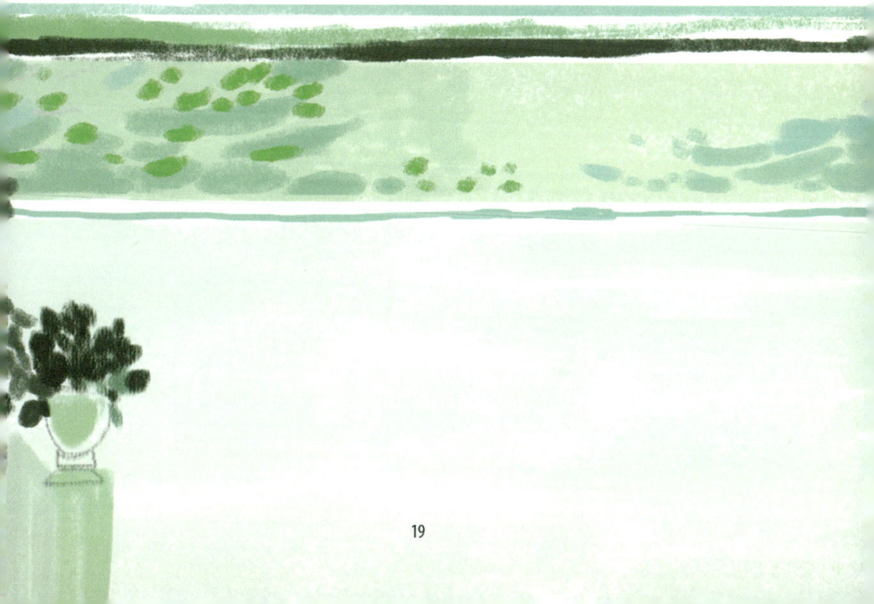

아티 댄디

1 Rue de Furstemberg | 75006

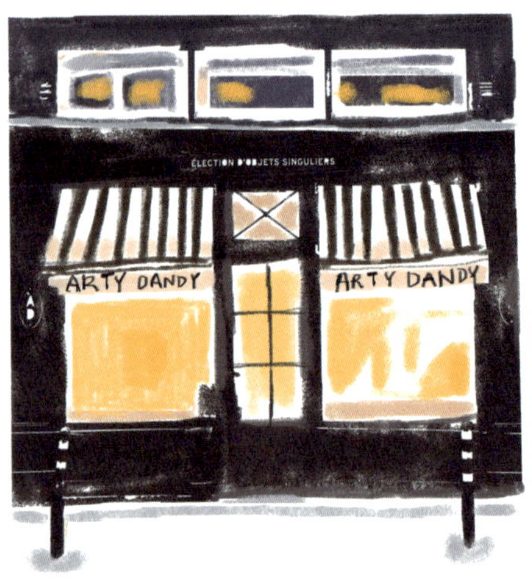

파리 상점들의 파사드는 주로 짙고 대담한 색상의 페인트로 칠해져 있는데, 이러한 색의 대비는 놀랍고도 다채로운 시각적 효과를 만들어낸다. 나는 대체로 흑과 백의 단순한 구성을 좋아하는 편이지만, 이러한 대담한 색채 조합은 특히 실내의 전등이 환하게 켜지는 밤에 매우 극적인 효과를 자아낸다.

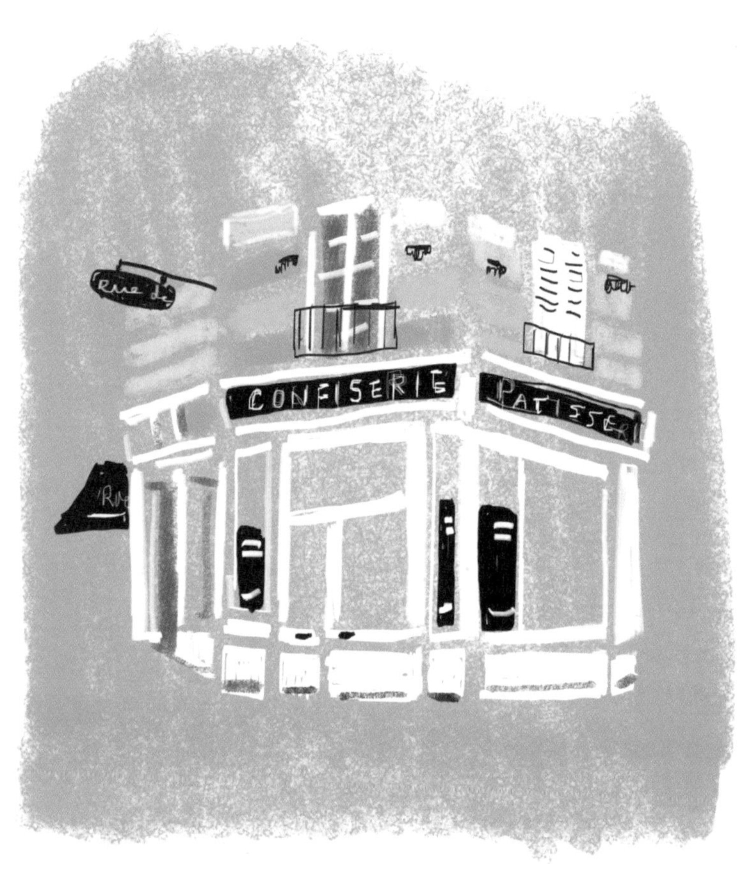

파티세리 불랑제리 보리스

Rue Caulaincourt | 75018

라뒤레

21 Rue Bonaparte | 75006

향긋한 내음, 은은한 파스텔 색상, 완벽한 조형미… 내가
파리를 떠날 때 내 기억 속에 마지막으로 남아 있는 것은
언제나 라뒤레 마카롱이다. 그래서 나는 늘 여행 가방 속에
마카롱 몇 박스를 쟁여온다. 레몬, 초콜릿 체리, 그리고 톤
다운된 피스타치오와 스파이스 같은 밝은 색상의 마카롱이
나란히 진열된 모습은 마치 색색깔의 파스텔 같다.

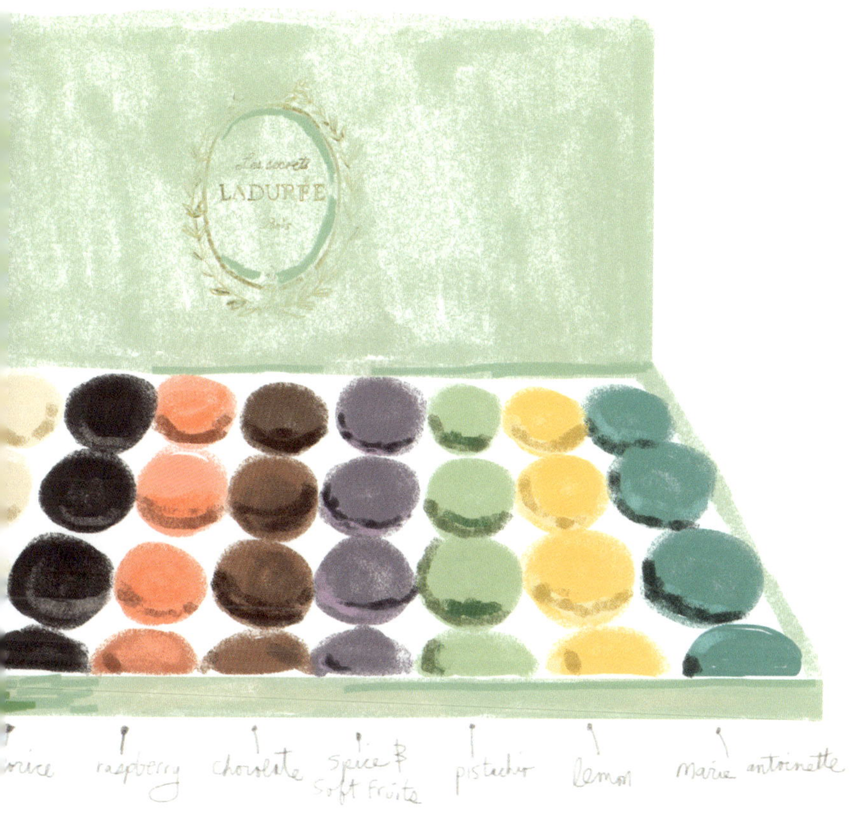
Les secrets
LADURÉE
Paris

...ice
raspberry
chocolate
spice &
soft fruits
pistachio
lemon
marie antoinette

메르시
111 Boulevard Beaumarchais I 75003

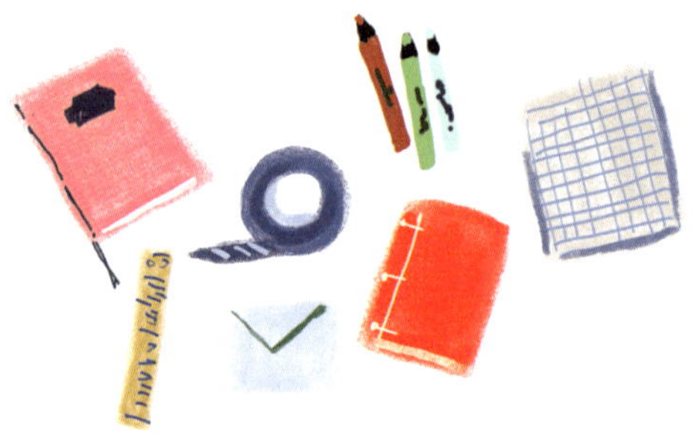

메르시에 갔을 때 제일 먼저 내 눈을 사로잡은 것은 바로 새빨간 미니 피아트였다. 이 빨간 자동차는 '디자인과 소비의 사회적 책임'을 모토로 판매 수익 전액을 기부하는 이 멋진 디자인 편집매장의 마스코트가 되었다. 당신도 나 같은 색깔 광, 디자인 광이라면 사랑스러운 핑크빛 노트북과 무지갯빛 장식 테이프를 비롯한 다양한 종이 제품을 보고 틀림없이 눈에서 하트가 솟아날 것이다.

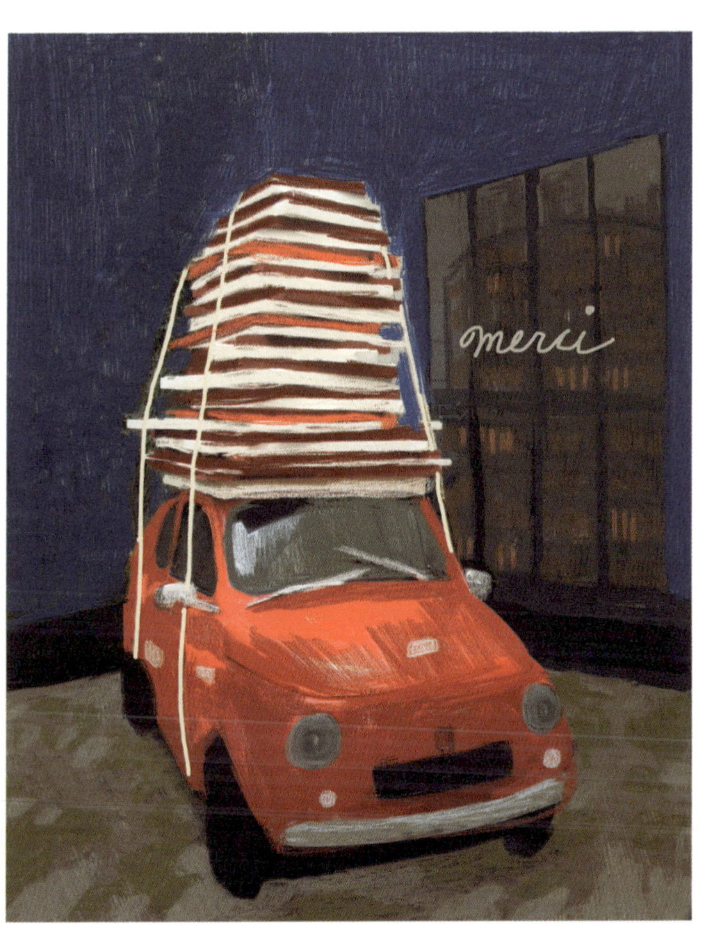
merci

나는 프랑스 여성들의 스타일에 관한 미덕과 패션 철학을 늘 마음에
새기고 있다. 특히 금과옥조로 삼을 만한 패션 팁을 소개한다면...
머리 스타일은 자연스럽게 연출하라. 화장품은 적게 쓸수록 좋지만
단 립스틱은 예외. 색상은 밝을수록 더 좋다.

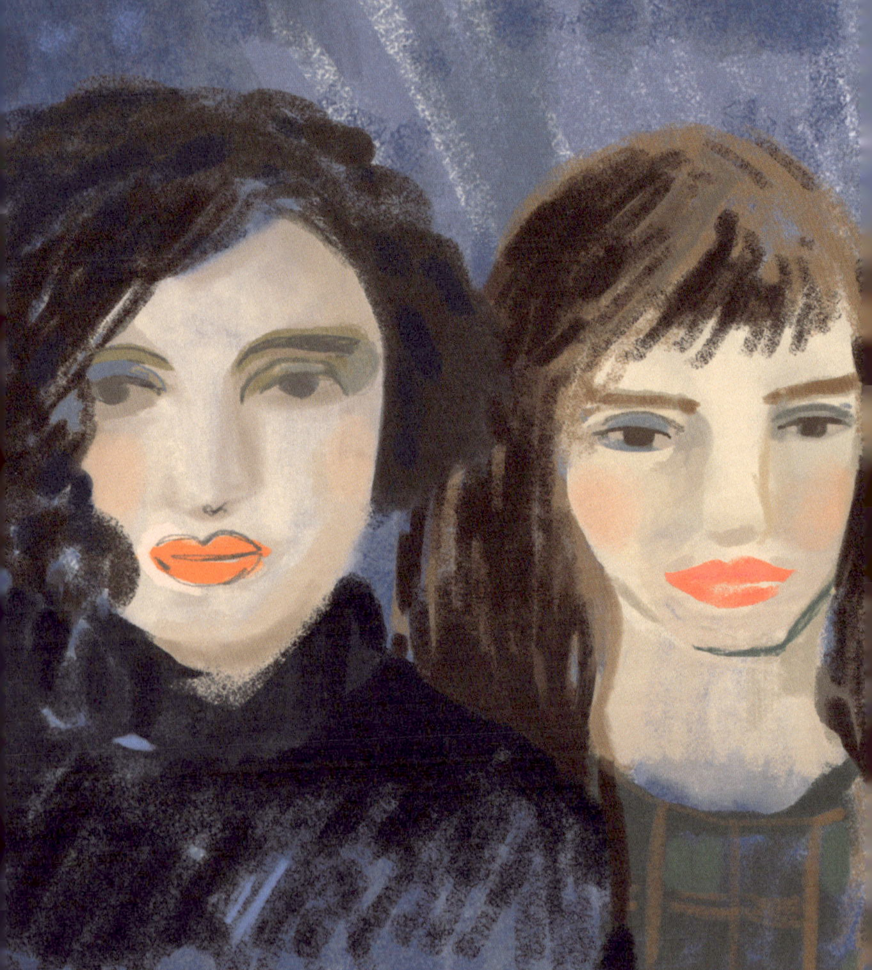

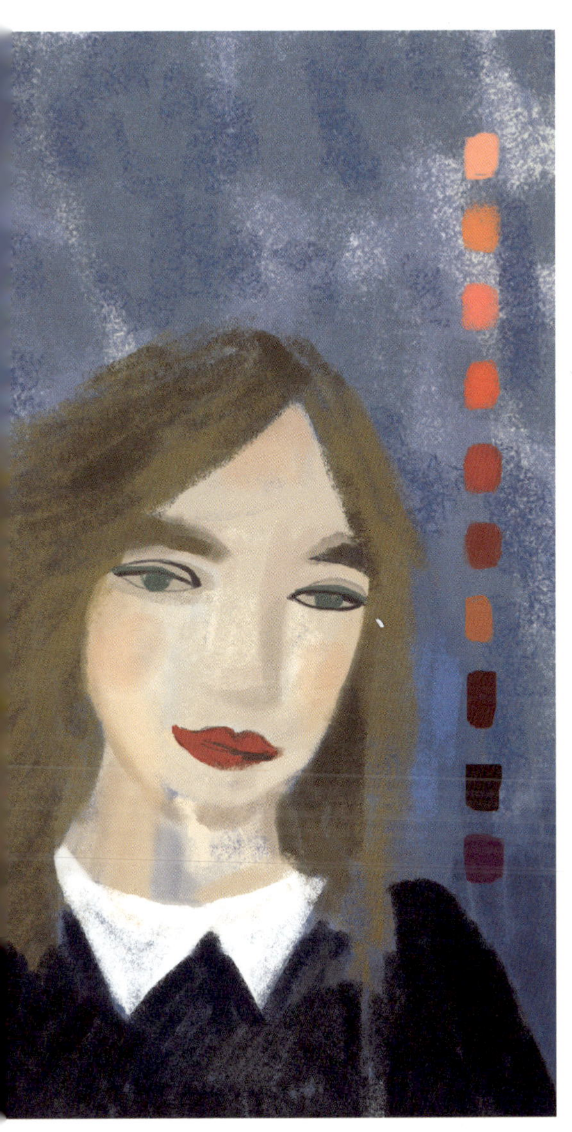

페인트칠한 대문들

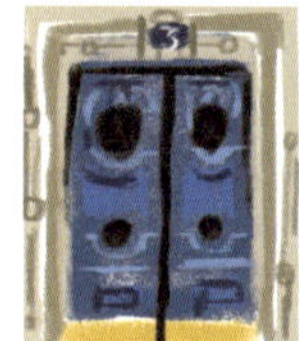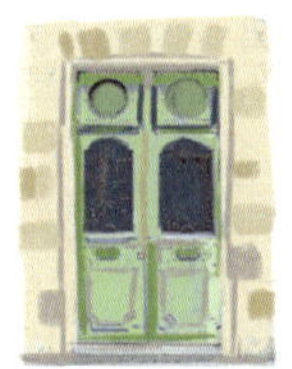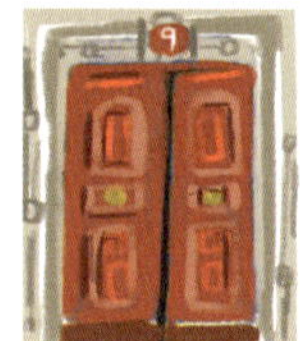

선명한 보석 빛깔의 대문들은 내가 파리를 사랑하는 여러 가지 이유 가운데 하나다. 나는 대문 색깔과 모양을 보고 안마당이 어떤 모습일지 상상해본다. 세월의 흐름이 느껴지는 빛바랜 녹청이나 에메랄드색으로 칠해진 빛나는 메달리온을 슬쩍 훔쳐보는 재미도 쏠쏠하다.

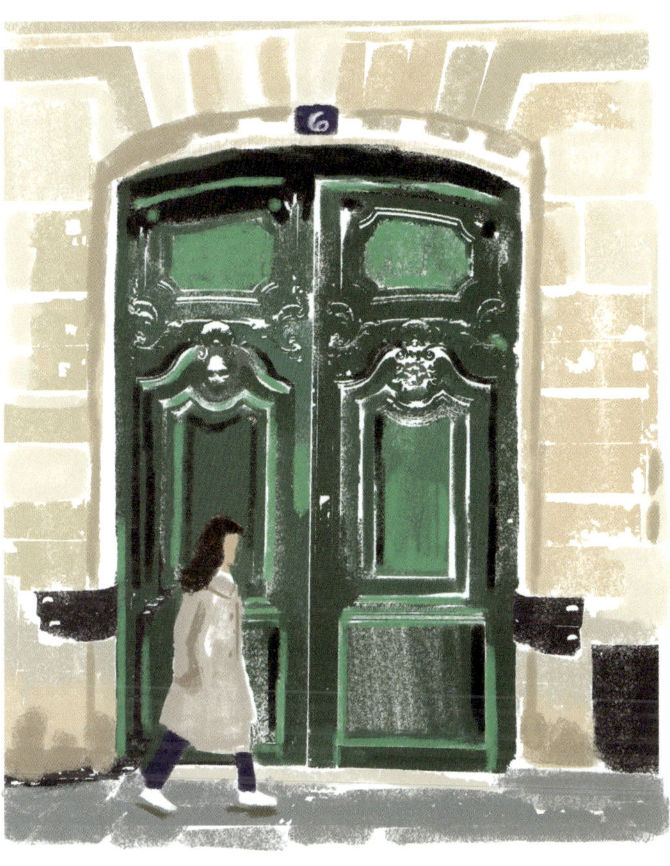
6

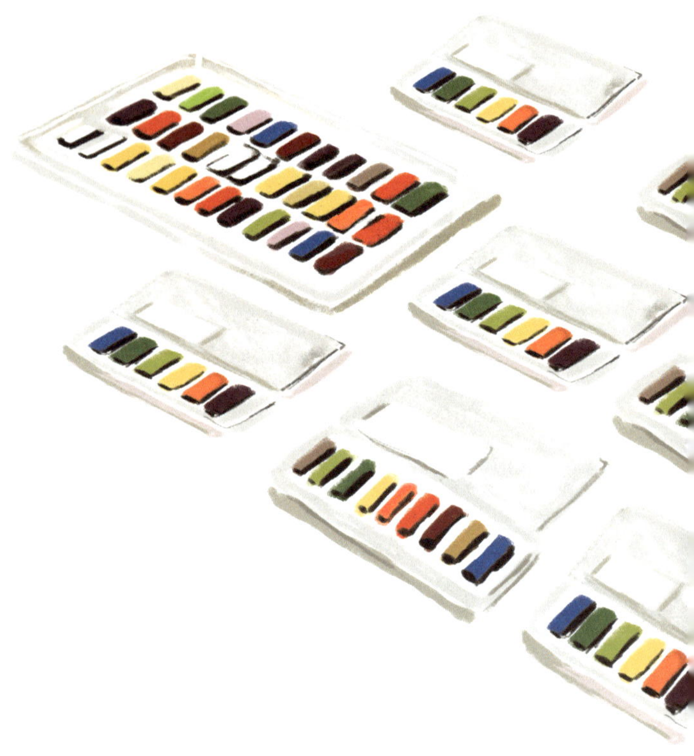

일본인 셰프 파티시에 사다하루 아오키(Sadaharu Aoki)가 운영하는 이 파티세리에는 세상에서 가장 매혹적인 디저트들이 가득하다. 아오키의 미니멀한 감각이 돋보이는 가나슈를 맨 처음 접했을 때 마치 팬톤 원색 색상 견본을 보는 것만 같았다. 어찌나 예쁜지 차마 입으로 가져갈 수가 없었다. 깔끔하고 고혹적인 디자인의 케이크들을 보고 있으면 자연스레 하나의 무늬가 떠오른다.

사다하루 아오키
35 Rue de Vaugirard | 75006

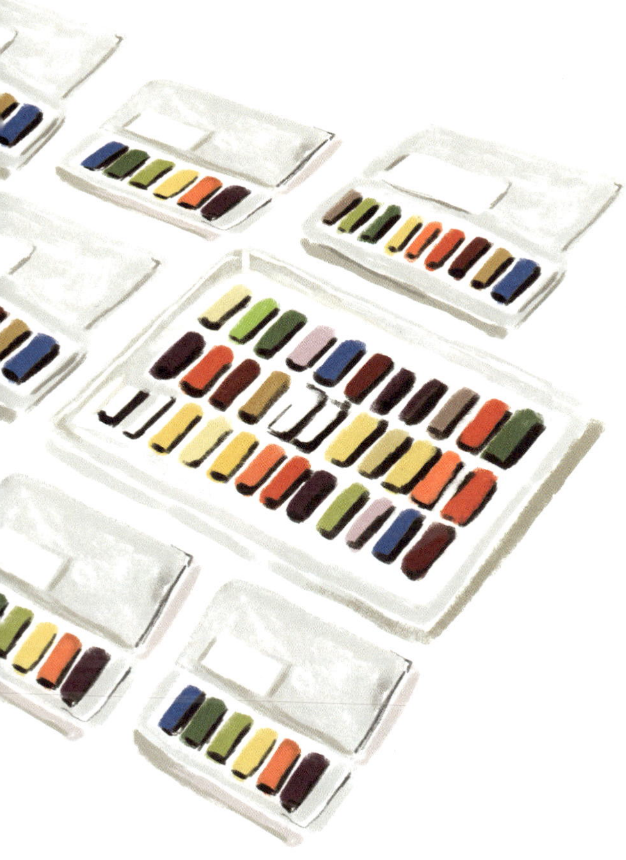

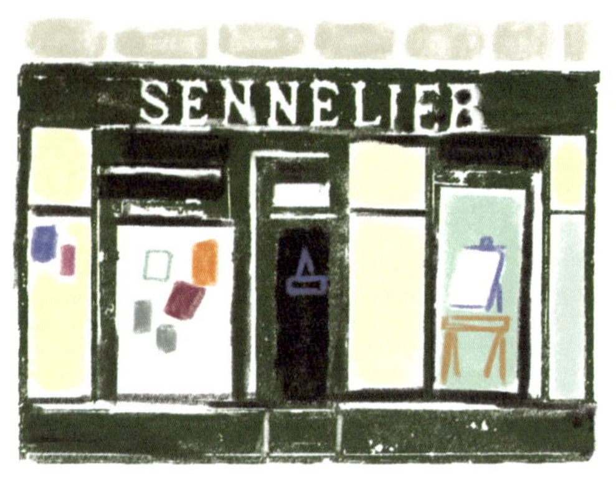

세넬리에

3 Quai Voltaire I 75007

이곳은 100년 넘게 미술가들의 천국이라는 명성을 누려온 미술용품 전문점이다. 온 벽을 가득 메우고 있는 밤나무로 짠 진열대에는 강렬한 색상의 굵은 오일 파스텔들이 점점이 박혀서 세잔, 피카소, 고흐와 같은 거장들의 비밀을 속삭이고 있다.

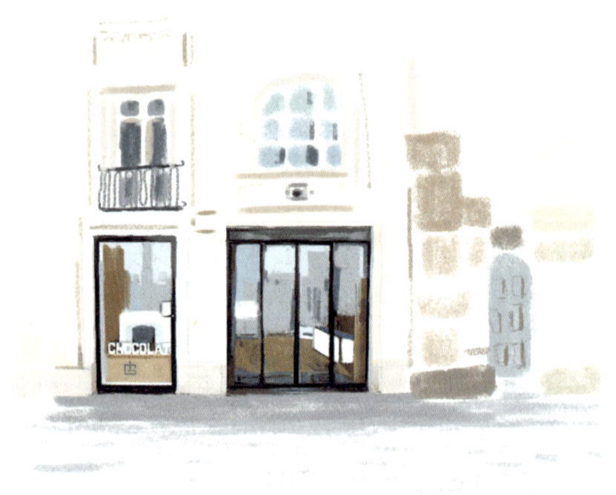

자크 제낭

133 Rue de Turenne | 75003

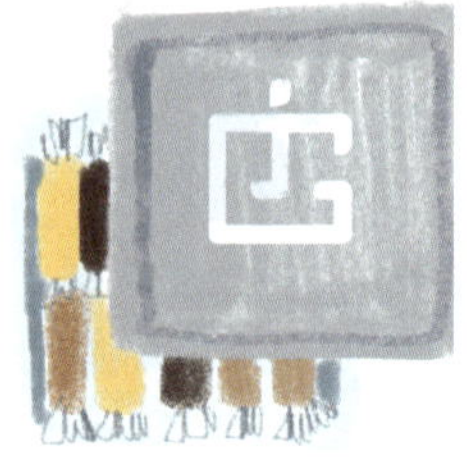

하얀 칠을 한 외관, 군더더기 없는 미니
멀 스타일의 판매대, 그 안에 가지런히
들어앉은 따스한 색상의 캐러멜과 색색깔의 젤리들, 그리고 차가운
금속 케이스… 이곳은 따뜻함과 차가움이 오묘한 조화를 이루고
있는 자크 제낭(Jacques Genin)의 디저트 세상이다. 망고 캐러멜이
이 가게의 간판 메뉴 중 하나지만, 나는 과일 젤리도 한 움큼 산다.
가방에 넣어 다니다가 단 것이 당길 때마다 하나씩 꺼내먹을 생각
으로…

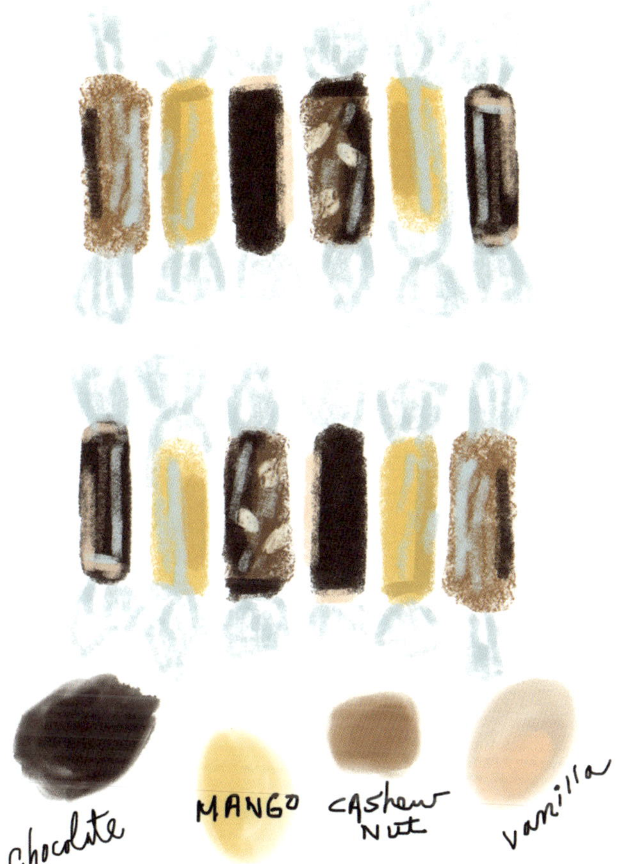

chocolate
MANGO
cashew
Nut
vanilla

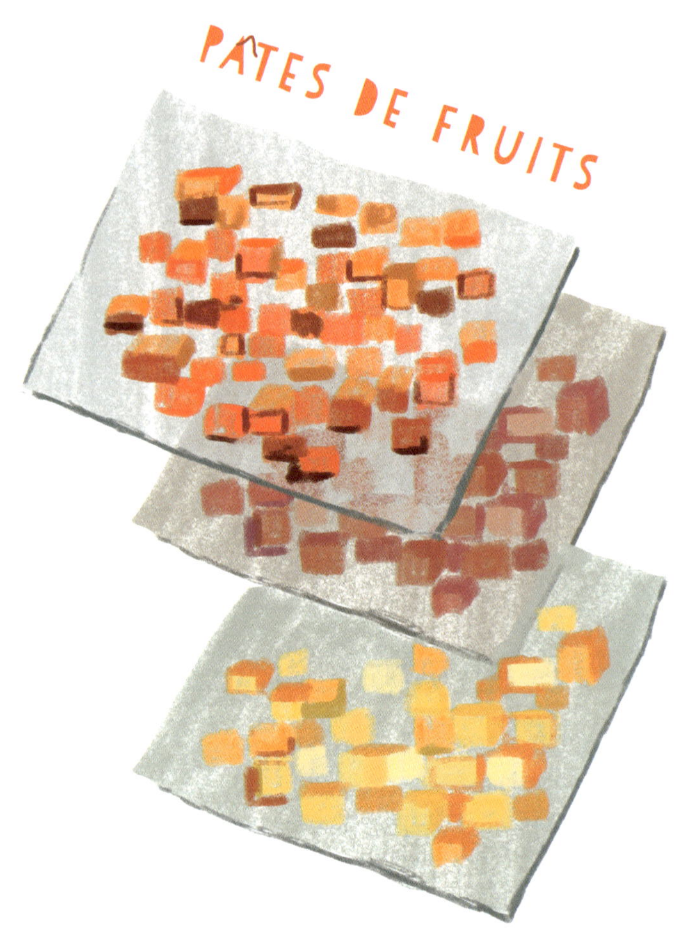
PÂTES DE FRUITS

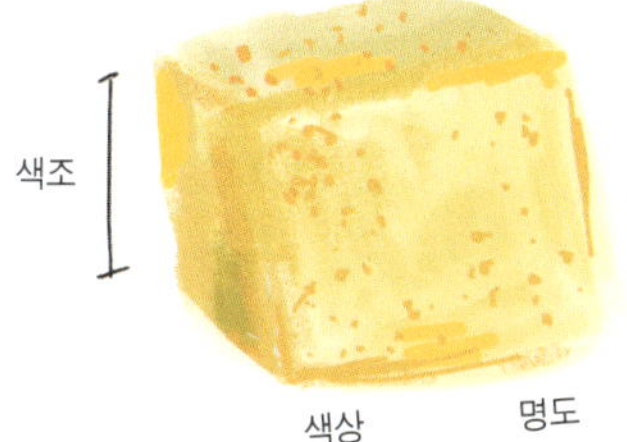

색조
색상
명도

warm

해질녘의 센 강

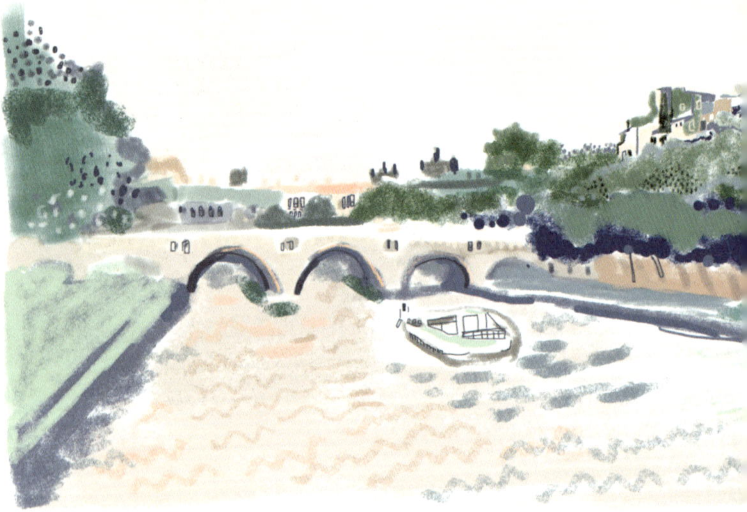

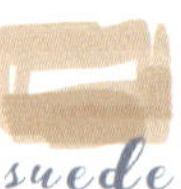

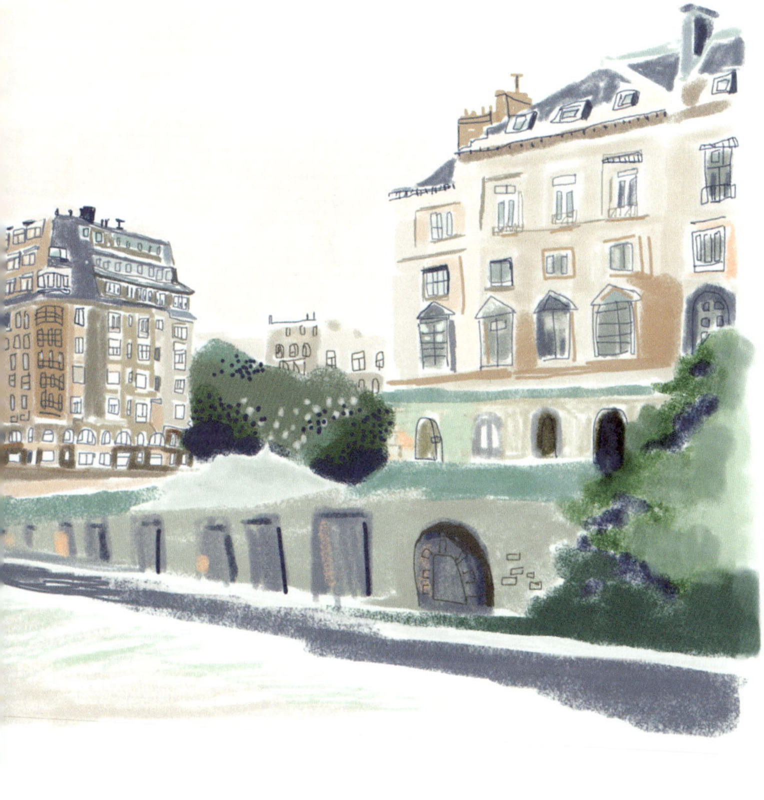

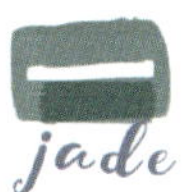

jade

nude

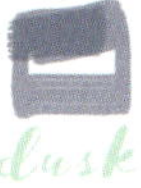

dusk

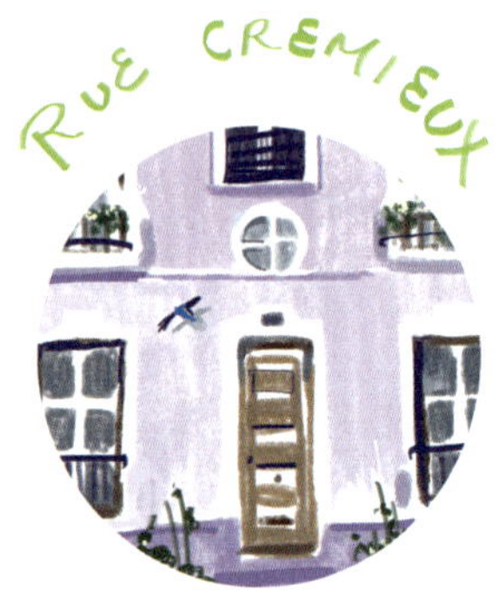

크레미외 거리

이 거리는 내가 꼽은 파리의 숨겨진 통로 중 하나다. 아주 작은 골목이라 그냥 지나치기 십상이다. 부활절 달걀 같은 파스텔 색상의 연립 주택들이 다닥다닥 붙어서 자갈 포장길 양편으로 늘어서 있는 풍경은 마치 동화 속 한 장면 같다. 이 골목에서 무엇보다 매력적인 부분은 건물 외벽에 그려진 트롱프뢰유들이다. 이 창문턱에서 저 창문턱으로 뛰어 건너는 고양이, 날아오르는 새 한 쌍, 심지어 뒤틀린 등나무도 그려져 있다.

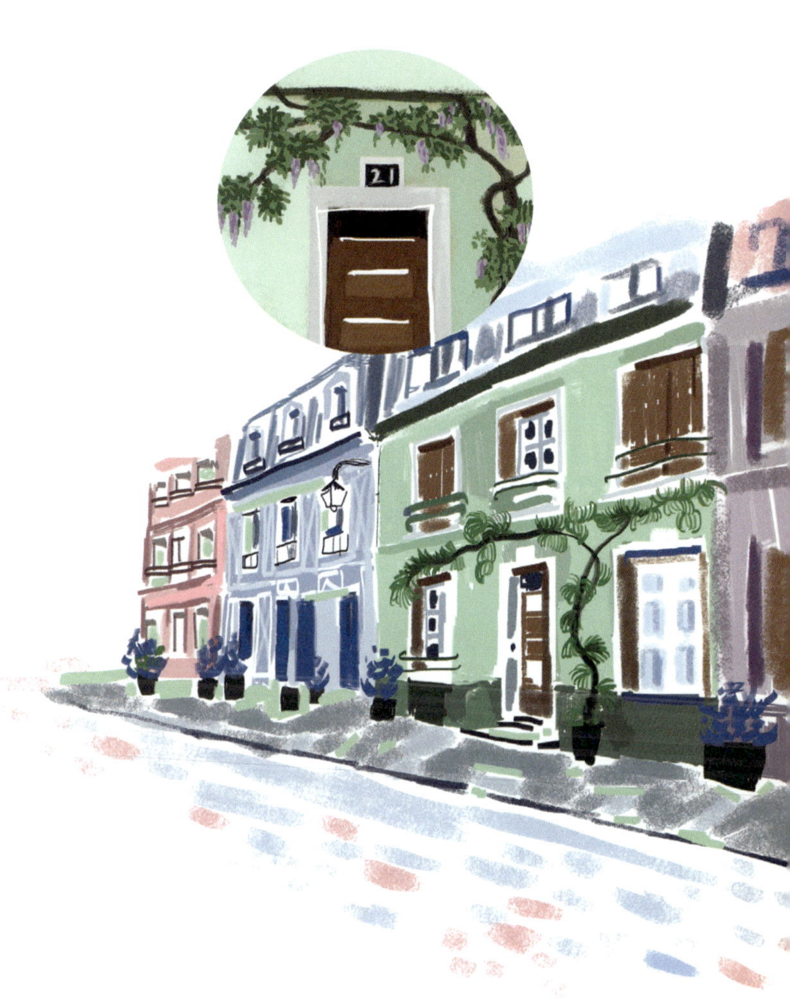

chapter 2

파리의 무늬

·

패턴 혹은 무늬는 일정한 형태나 유형, 혹은 요소가 예측 가능한 방식으로 반복되는 것을 말한다. 기하학적 구조뿐만 아니라 소용돌이나 물결과 같은 자연 속의 유기적인 구조에서도 정확한 형태의 패턴을 발견할 수 있다.

pattern

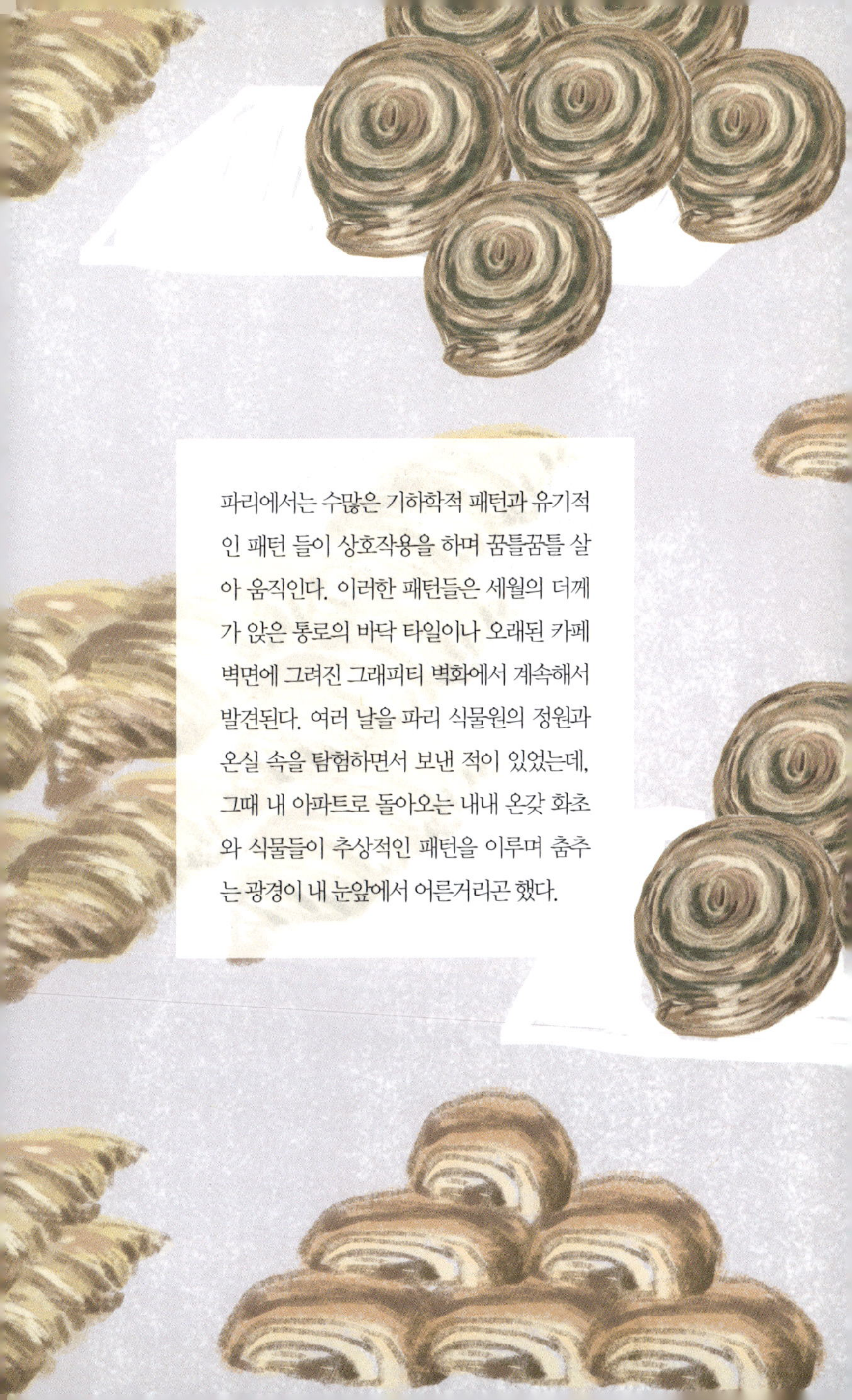

파리에서는 수많은 기하학적 패턴과 유기적인 패턴 들이 상호작용을 하며 꿈틀꿈틀 살아 움직인다. 이러한 패턴들은 세월의 더께가 앉은 통로의 바닥 타일이나 오래된 카페 벽면에 그려진 그래피티 벽화에서 계속해서 발견된다. 여러 날을 파리 식물원의 정원과 온실 속을 탐험하면서 보낸 적이 있었는데, 그때 내 아파트로 돌아오는 내내 온갖 화초와 식물들이 추상적인 패턴을 이루며 춤추는 광경이 내 눈앞에서 어른거리곤 했다.

알랭 뒤카스의 초콜릿 공장

40 Rue de la Roquette | 75011a

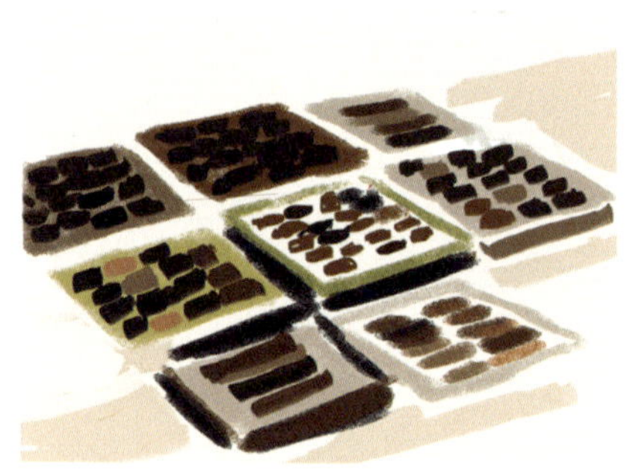

이곳은 요리계의 거장 알랭 뒤카스의 인더스트리얼 스타일의 묵직한 세련미가 풍기는 작업장 겸 초콜릿 가게이다. 가게 내부에 돔 형태의 둥근 유리 뚜껑이 덮여 있는 거대한 초콜릿 진열대가 놓여 있다. 초콜릿을 꺼내려면 그 유리 뚜껑을 들어 올려야 한다. 장인이 만드는 수제 초콜릿의 품격을 완성하기 위해 초콜릿의 주원료인 카카오빈은 현장에서 바로 로스팅된다.

▶ 미니 유리 돔 안에 들어앉은 이 가게의 대표작 망디앙(Mendiant)이 내 시선을 훔쳤다. 아몬드와 설탕에 절인 오렌지와 무화과 조각들이 서로 어우러지면서 세상에서 가장 사랑스러운 패턴을 만들고 있었다.

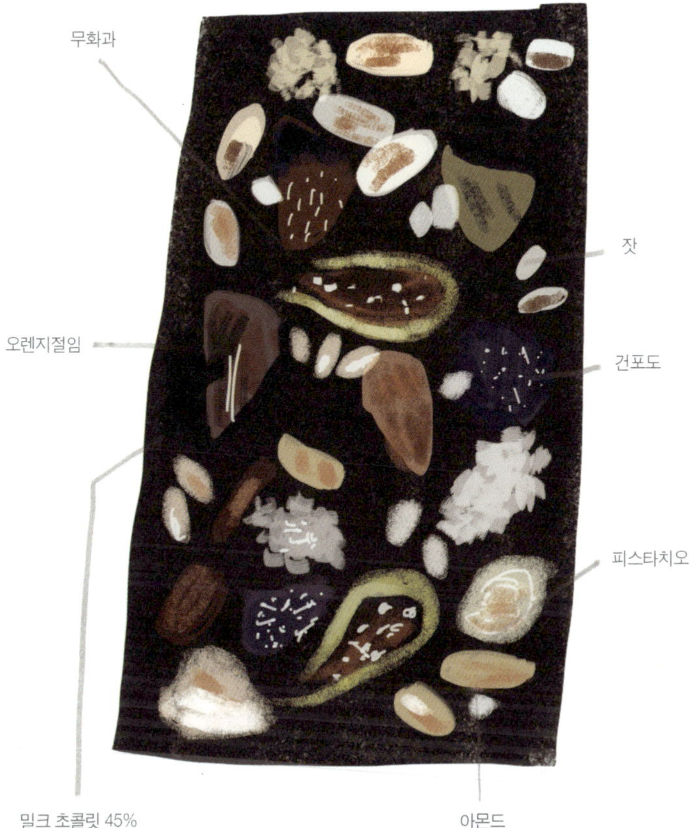

무화과
잣
오렌지절임
건포도
피스타치오
밀크 초콜릿 45%
아몬드

초콜릿 상자 진열대

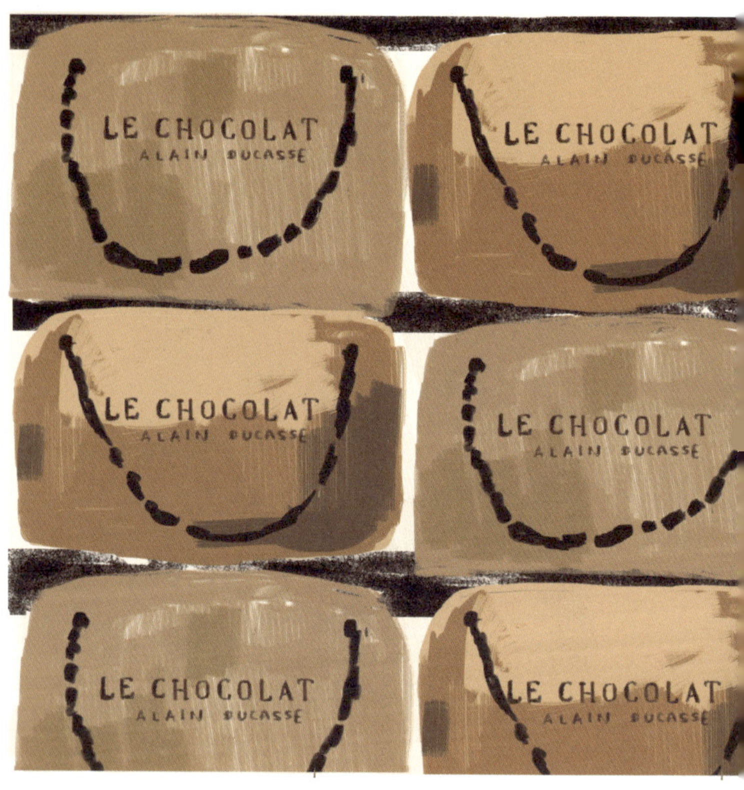

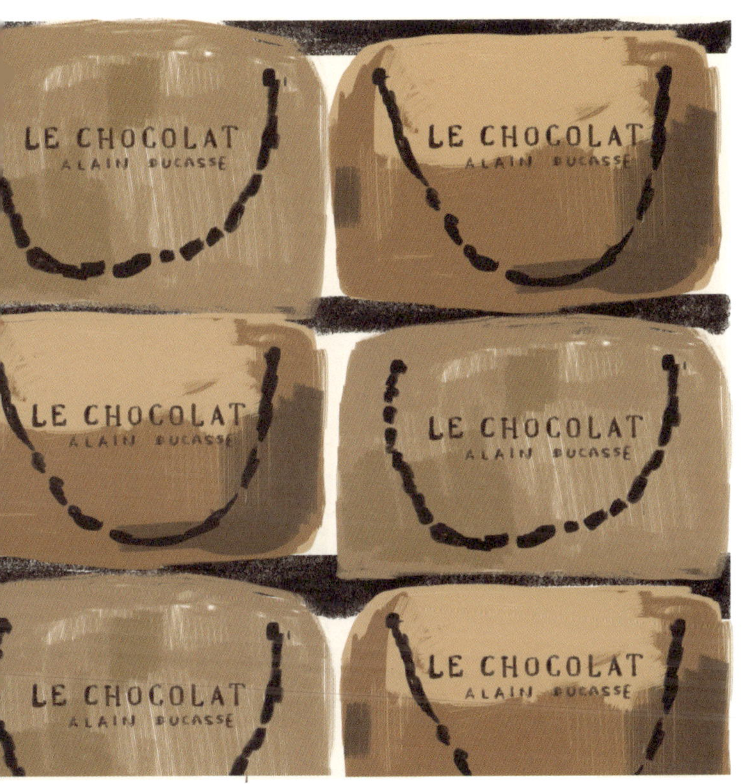

작업장과 가게를 나누는 벽면에는 황금색 상자들이 가득 진열되어 있다.
자칫하면 비싼 핸드백인 줄 오해하기 십상이다.

●

브르통 스트라이프

나는 파리 시내를 돌아다닐 때마다 습관처럼 줄무늬 패턴을 찾곤
한다. 일명 '브르통(breton)'이라 불리는 프렌치 스트라이프는 매우
공적인 탄생 배경을 가지고 있다. 줄무늬는 맨 처음 프랑스 해군의
군복으로 채택되었는데, 그건 선원들이 바다에 빠졌을 때 쉽게 눈
에 띄는 패턴이라고 생각했기 때문이다. 무엇보다 흥미로운 것은
원래 브르통은 21개의 줄무늬로 이루어져 있으며, 그 줄 하나하나
가 나폴레옹의 승리를 기념한다는 사실이다.

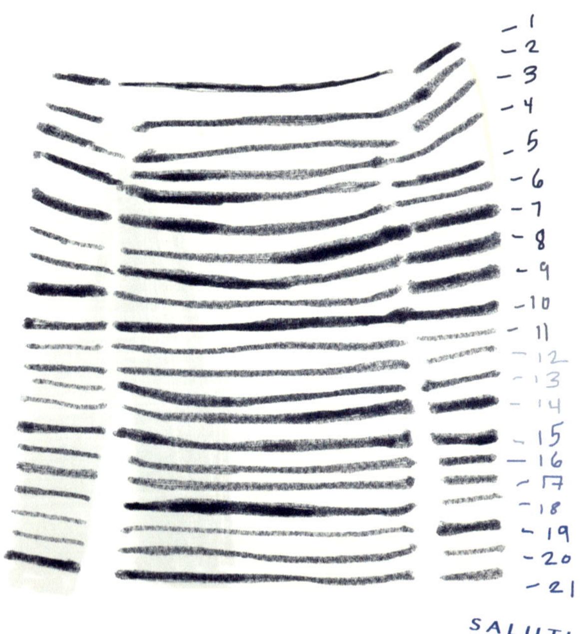

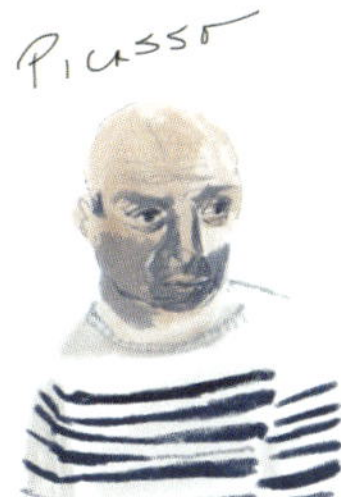
PICASSO

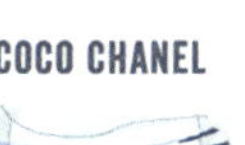
COCO CHANEL

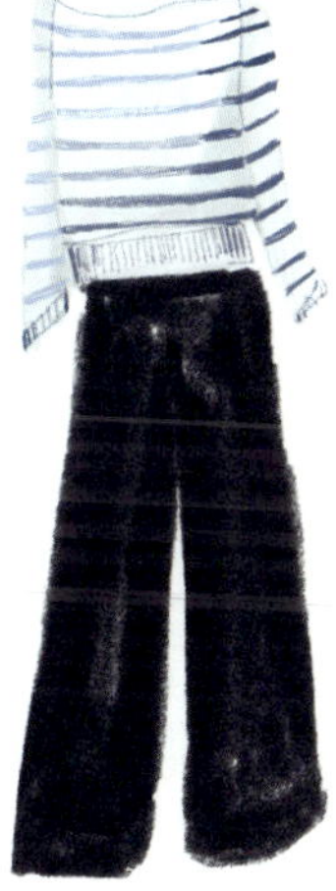

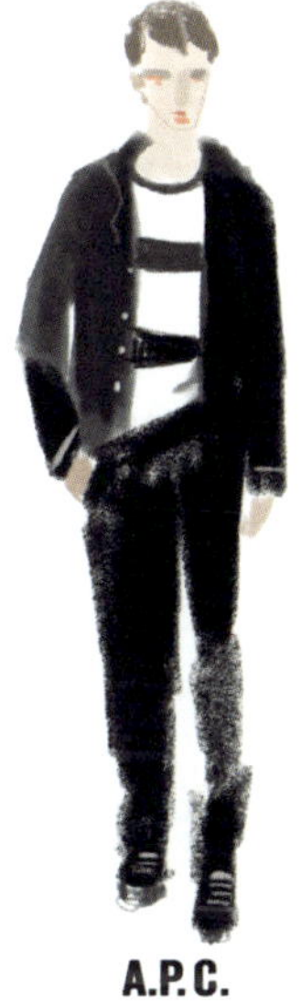
A.P.C.

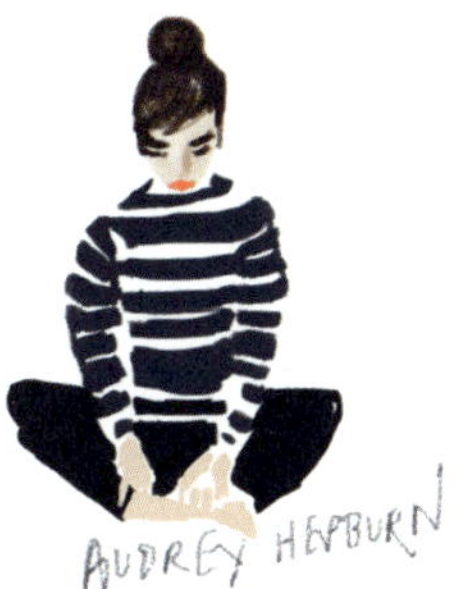
AUDREY HEPBURN

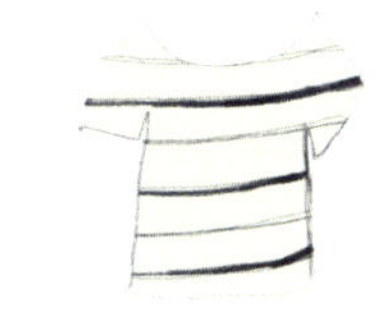

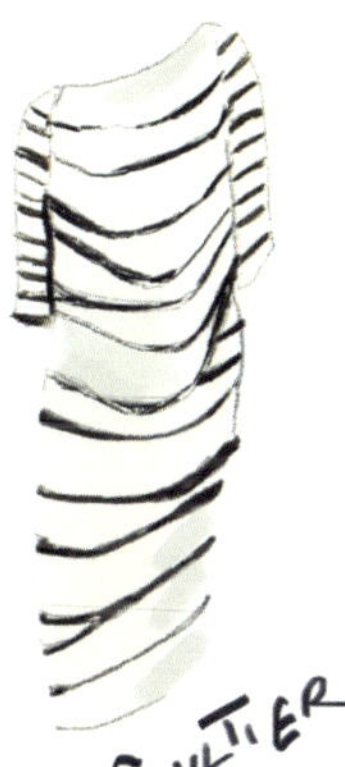
GAULTIER

뒤팽 에 데지데

4 Rue Yves Toudic | 75010

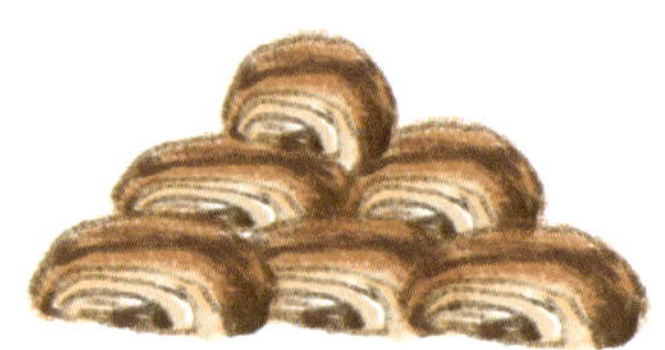

파리 사람들은 줄 서는 일이 거의 없다고들 한다. 그래서 뒤팽 에 데지데(Du Pain et des Idées) 바깥에 구불구불 이어진 줄을 보았을 때 나는 무조건 줄을 서야 한다고 생각했다. 내 예감은 적중했다. 내 생애 최고의 크루아상을 맛보았고 눈 호강도 실컷 했다. 이 빵 집 안에는 바게트와 미니파베, 그리고 달팽이 모양으로 돌돌 감긴 페이스트리 사이사이에 초콜릿과 피스타치오가 가득 채워져 있는 '에스카르고'가 산더미처럼 쌓여 있었다.

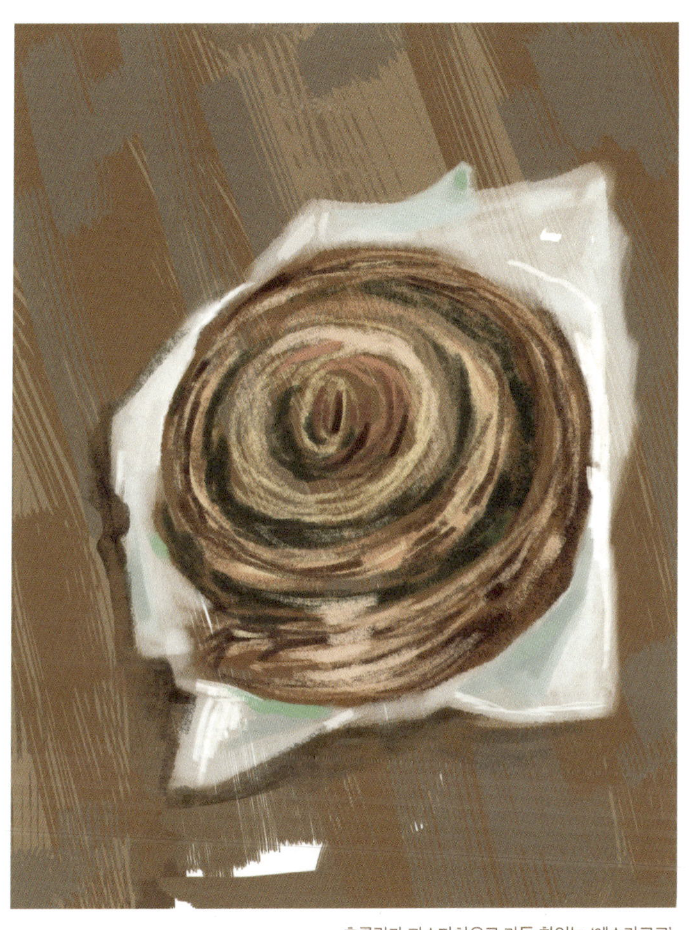

초콜릿과 피스타치오로 가득 차있는 '에스카르고'

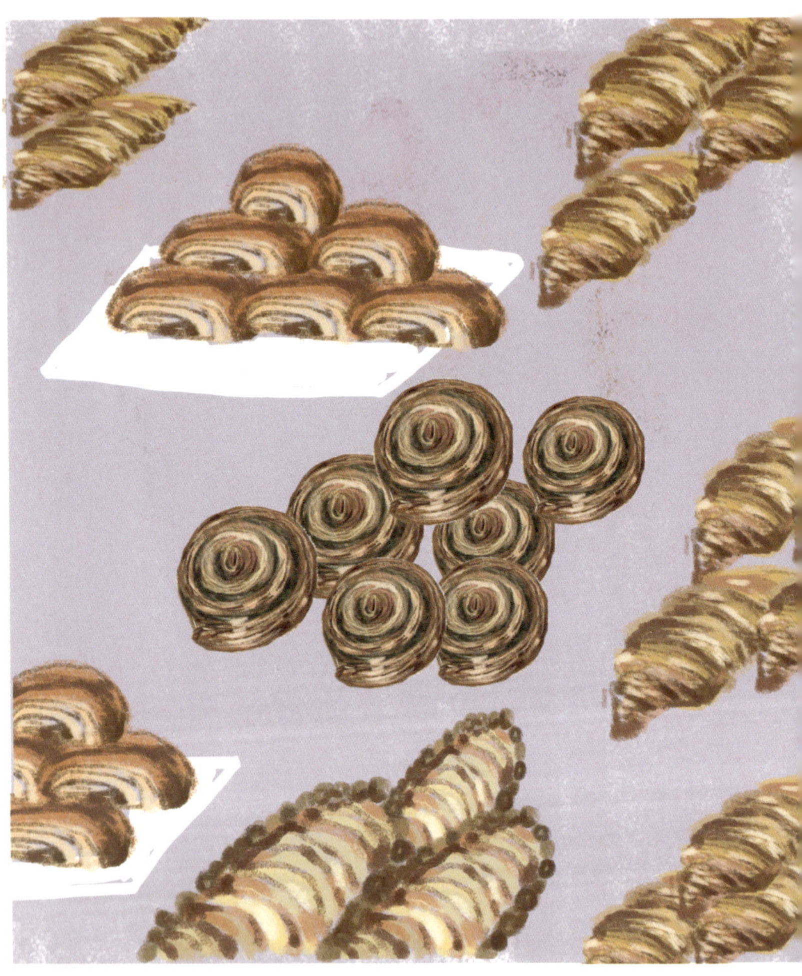

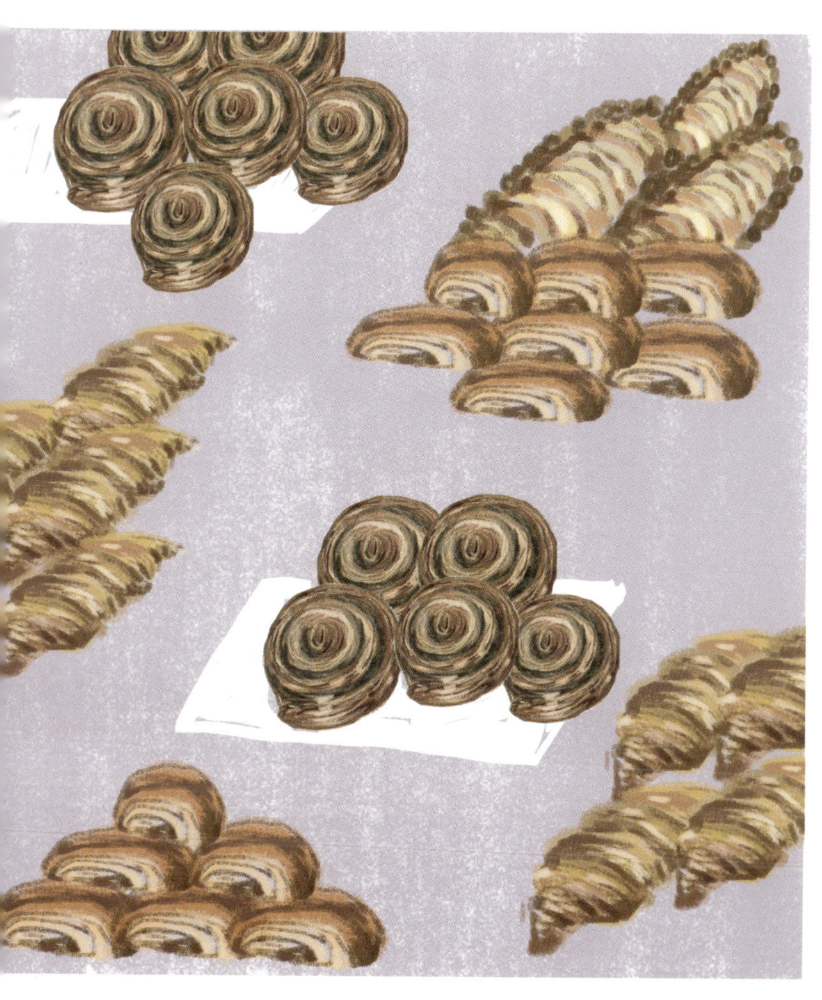

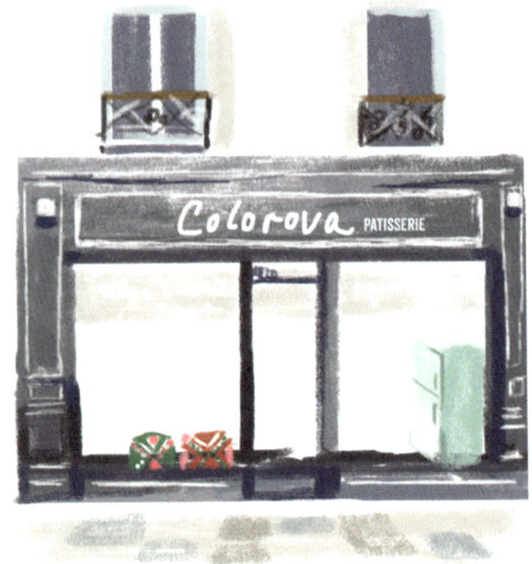

아베 그레구아르 거리
가게 정면

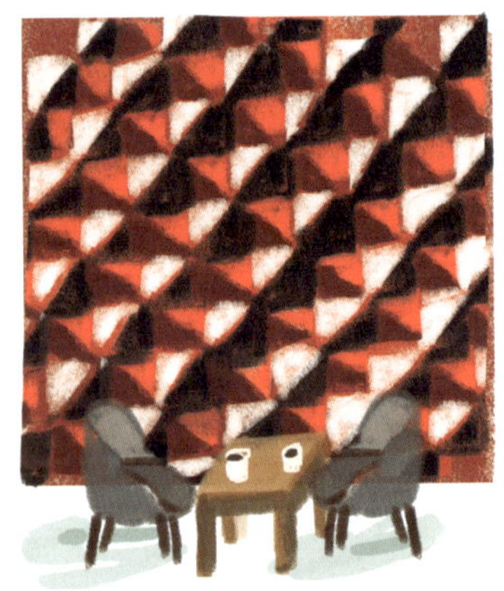

실내 벽면 패턴

콜로로바

47 Rue de l'Abbé Grégoire I 75006

이 신개념 빵집에 대해서는 '다채로운'이라는 뜻을 가진 가게 이름
이 모든 것을 말해 준다. 가게 내부는 에스닉하고 톡톡 튀는 직물
패턴들로 가득한데, 바로 매트한 먹색 파사드가 그 복잡한 패턴들
을 가두는 액자 같은 구실을 한다. 차를 홀짝이는 동안 북아프리카
풍 패턴의 의자 커버와 태피스트리에서 눈길을 뗄 수 없었다. 이곳
은 카페 오너 기욤 길의 디자인에 대한 무지갯빛 이상과 요리가 완
벽하게 결합된 꿈의 현장이 아닐 수 없다.

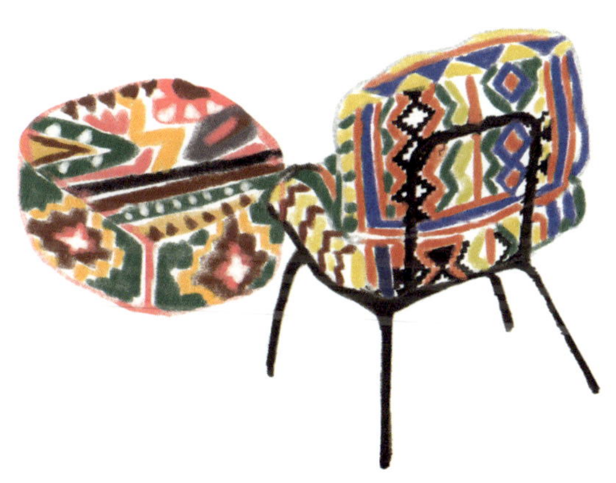

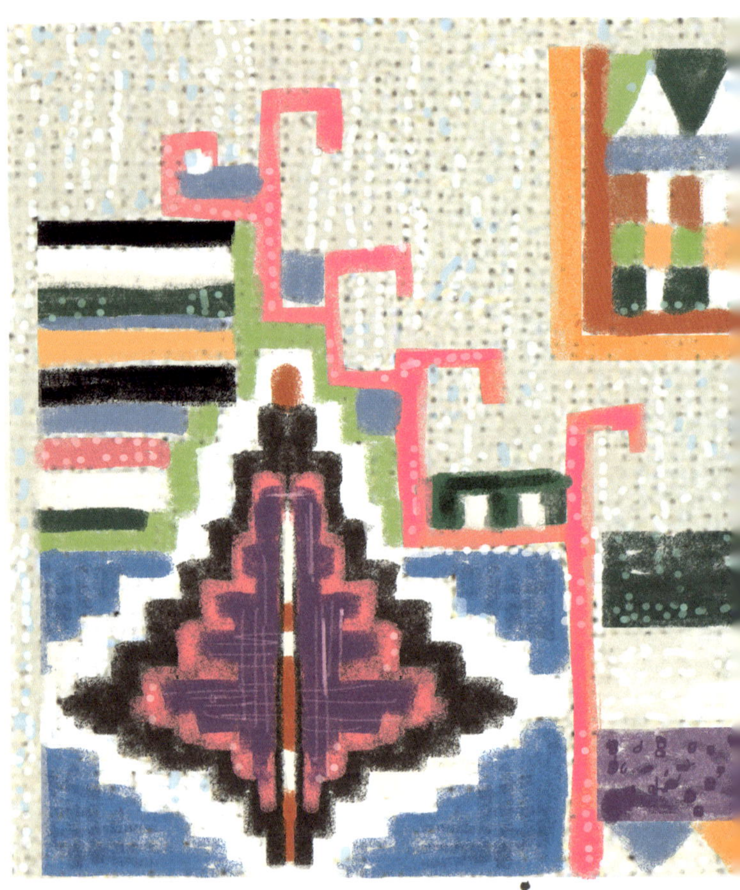

킬림 문양

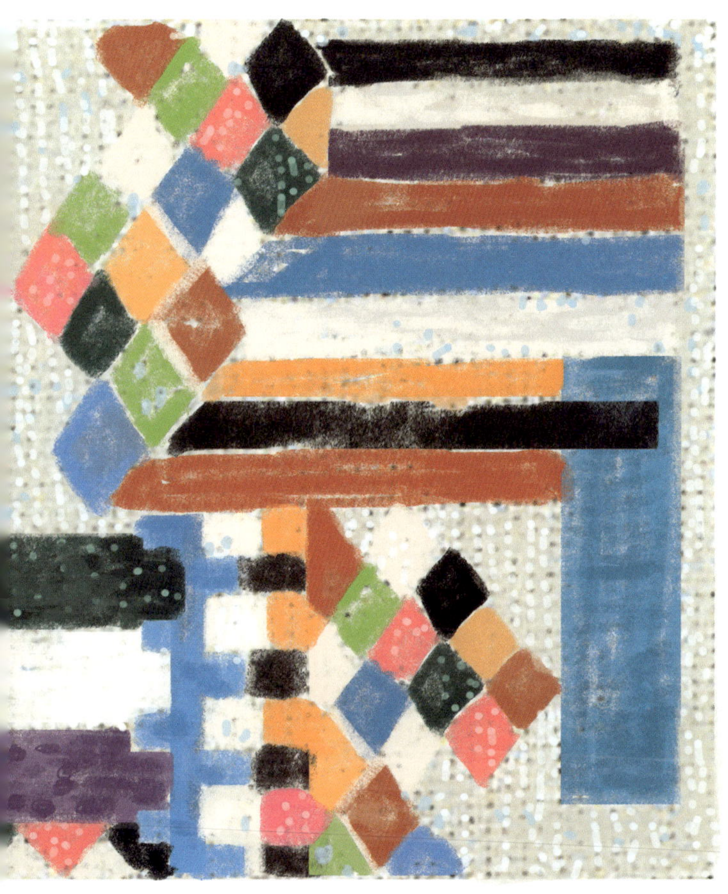

씨실이 왕복하며 기하학적인 문양을 짤 때 세로 방향으로 생기는 작은 공간을 '슬릿(slit)' 이라 부른다.

라 부티크 데 생페르

14 Rue des Saints-Pères | 75006

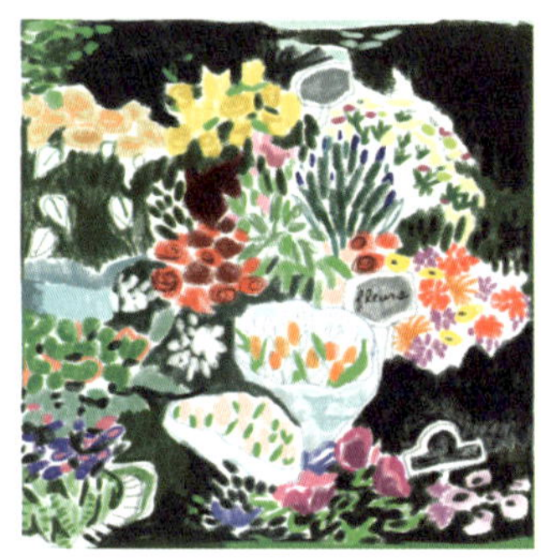

파리에는 작고 예쁜 꽃가게가 많이 있는데, 그중에서
내가 가장 좋아하는 꽃집은 작은 꽃다발과 식물들이
가게의 파사드를 당당하게 장식하고 있는 라 부티크
데 생페르(La Boutique des Saint-Pères)다. 내 스케치
북에는 화초 스케치들이 가득한데, 그것들 중 상당수
가 이 작은 화원에서 탄생된 것이다.

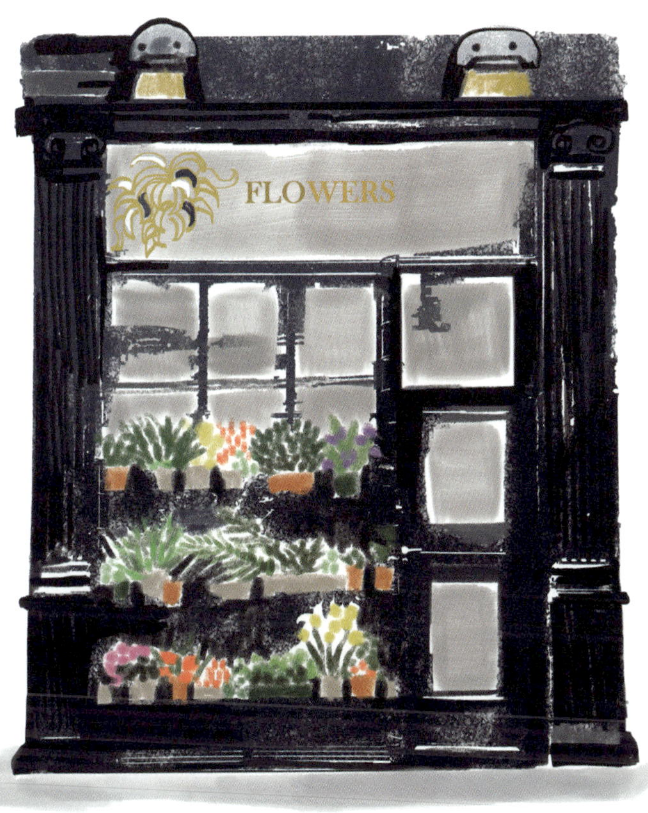
FLOWERS

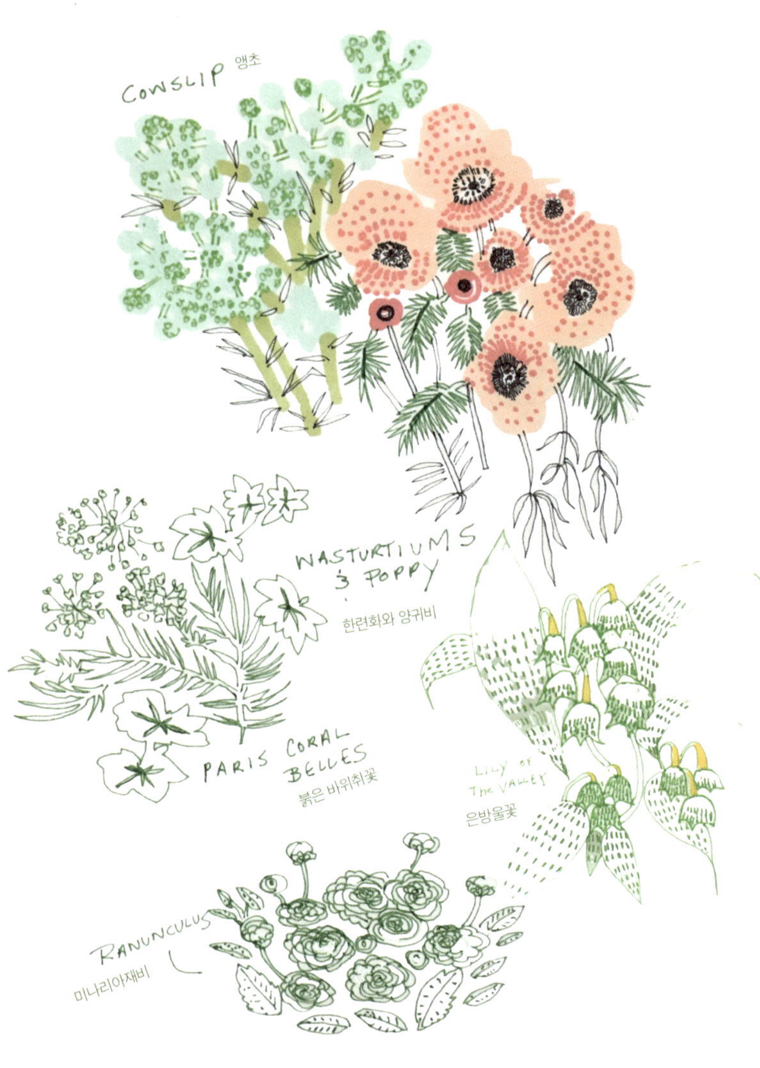

COWSLIP 앵초
WASTURTIUMS & POPPY
한련화와 양귀비
PARIS CORAL BELLES
붉은 바위취꽃
LILY OF THE VALLEY
은방울꽃
RANUNCULUS
미나리아재비

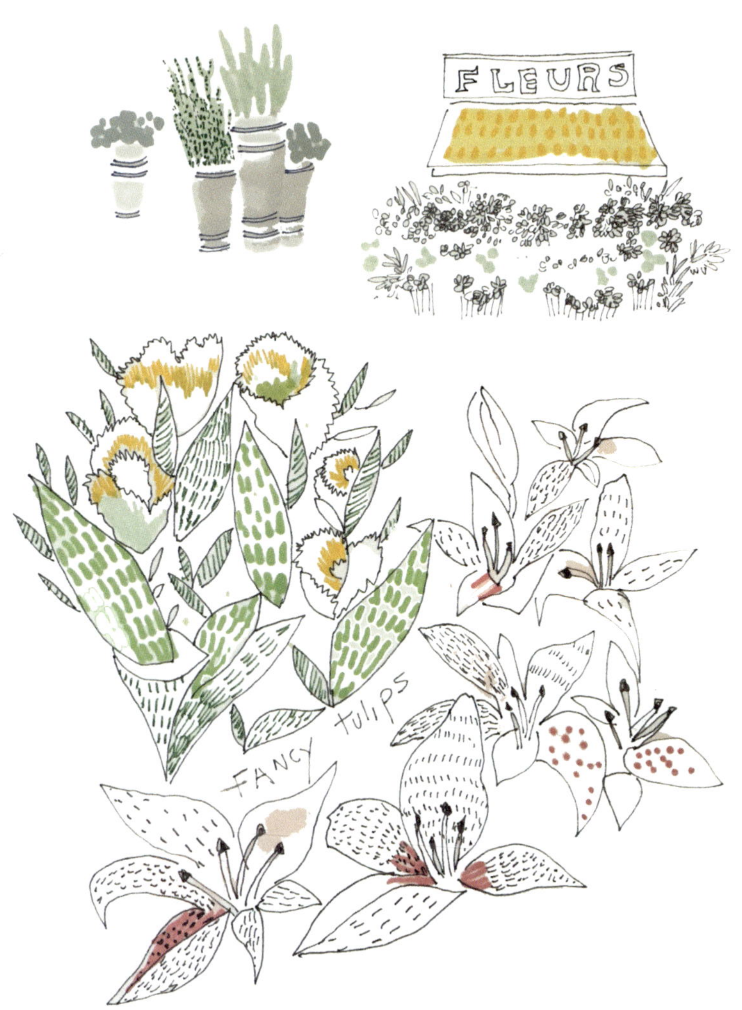
FLEURS
FANCY tulips

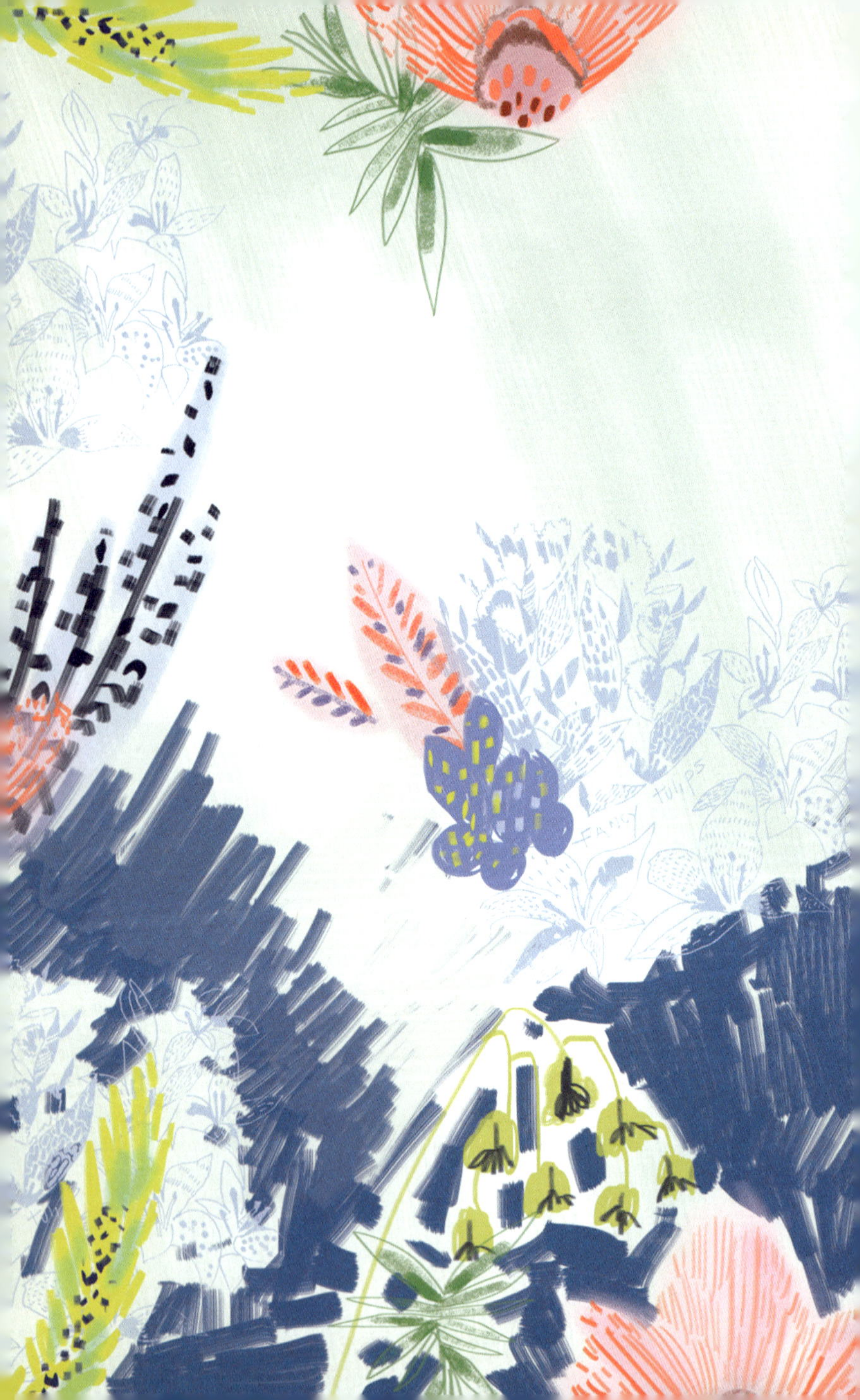
FANCY TULIPS

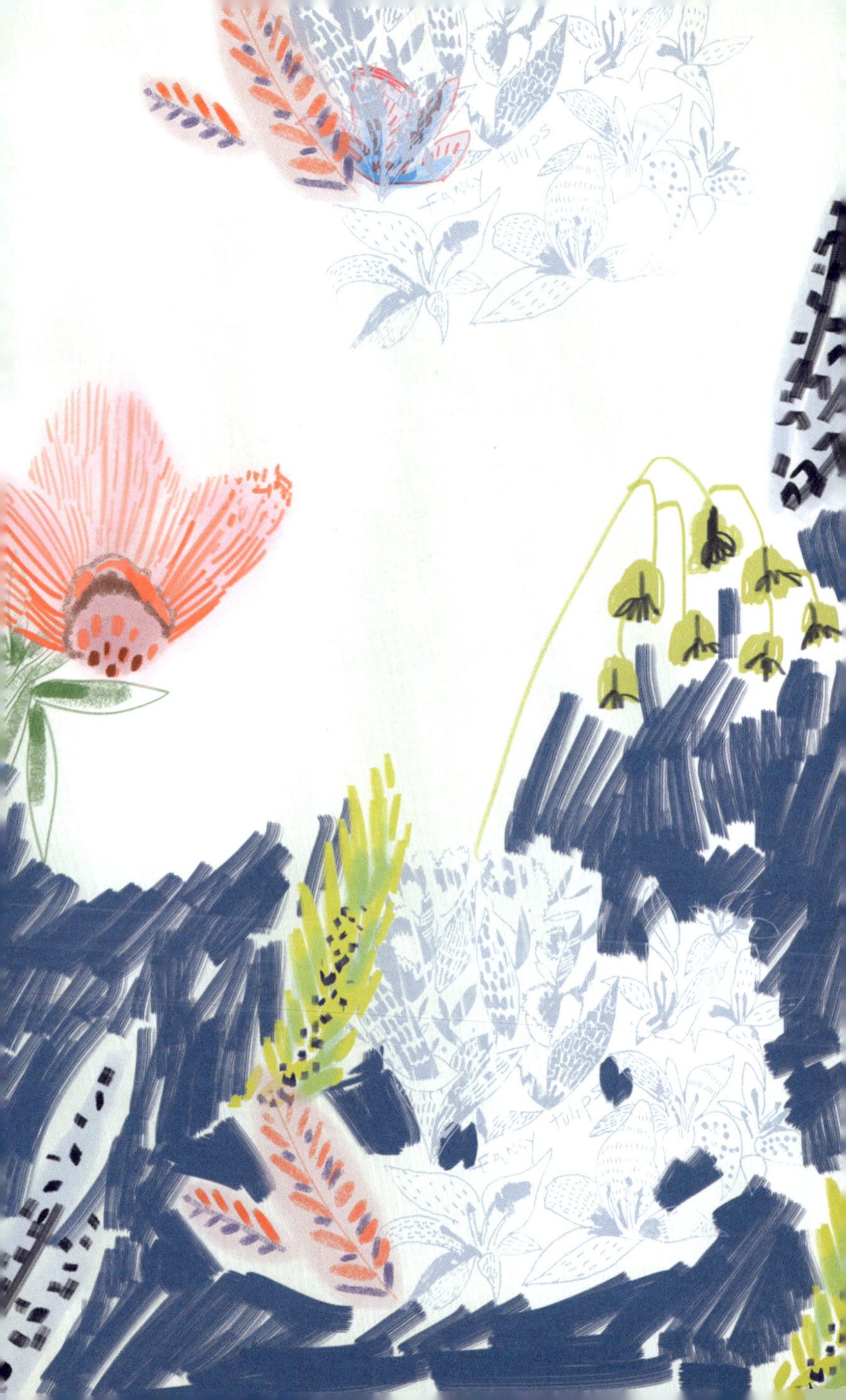
FANCY tulips
FANCY tulips

사다하루 아오키

35 Rue de Vaugirard **|** 75006

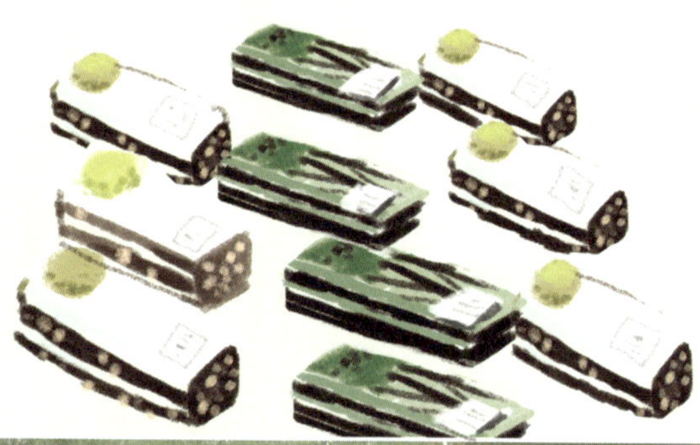

유명 파티시에 사다하루 아오키가 제작한 디저트 중에 내가 제일 좋아하는 것은, 말차를 넣은 비스퀴 조콩드와 크림을 켜켜이 쌓아 만든 '뱀부(bamboo)'라 불리는 케이크다. 뱀부는 숲과 녹차 잎을 연상시키는 색조로 이루어져 있으며, 마치 땅에서 솟아오르는 대나무처럼 보이는 기하학적 패턴이 멋지게 장식되어 있다.

▶ 하나의 무늬를 떠올리게 하는 우아하고 세련된 케이크 디자인

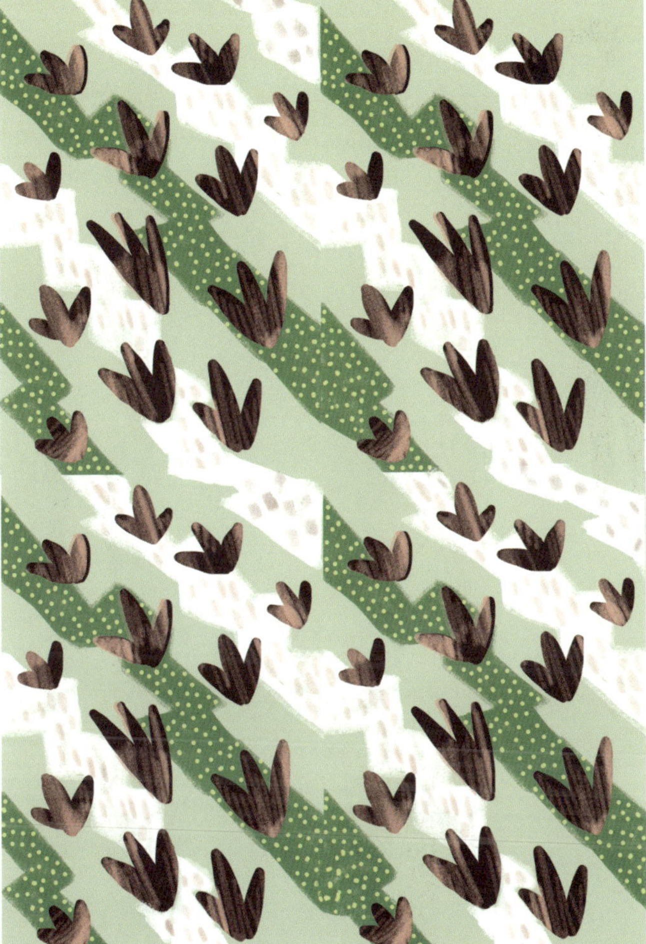

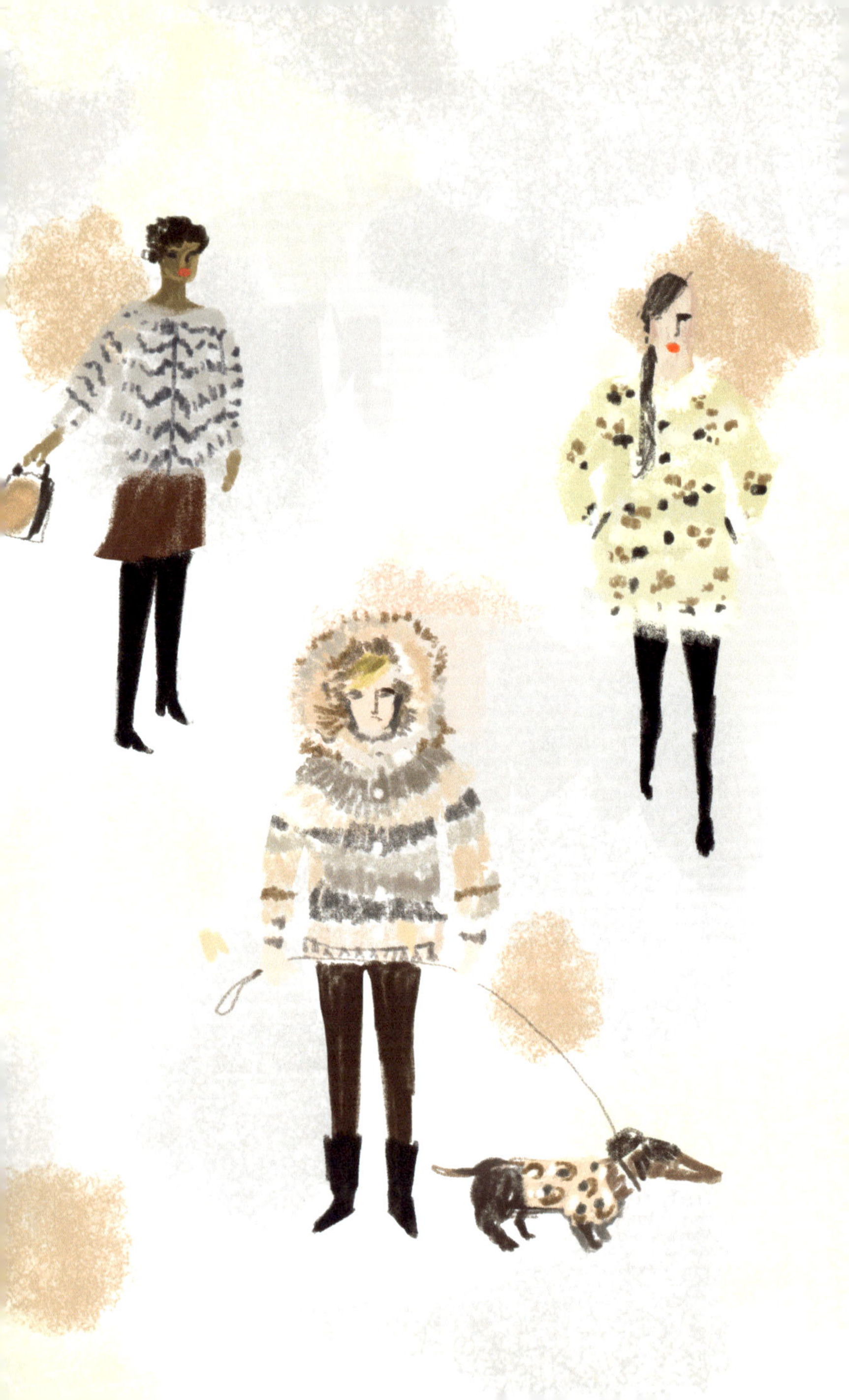

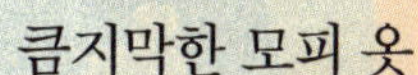

큼지막한 모피 옷

파리 여인들을 통해 오버사이즈 모피 코트는 세련되고도 편안한 패션을 완성하는 필수 아이템이라는 사실을 알게 되었다. 표범 무늬에서부터 V자 모양의 갈매기 무늬, 그리고 초록빛과 살구빛이 어우러진 추상적인 무늬에 이르기까지 다양한 무늬가 들어간 모피는 밤이든 낮이든 시선을 확 사로잡는다.

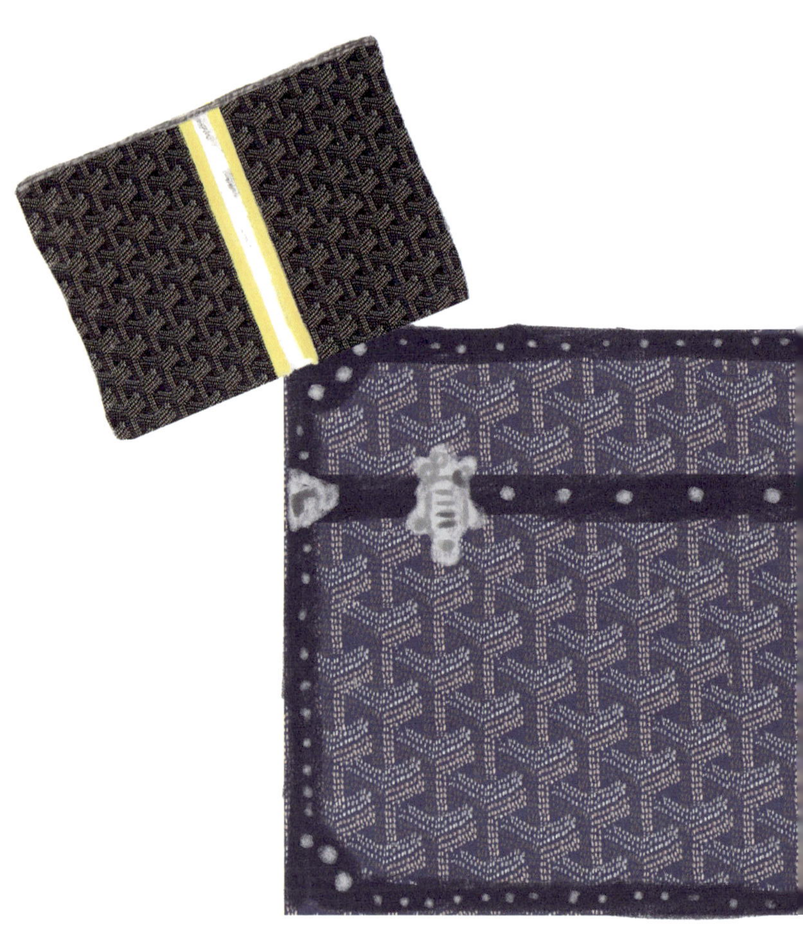

고야드

233 Rue Saint Honoré ┃ 75001

나는 고야드의 진열장을 지날 때마다 숨을 죽인다. 시
간을 초월한 세련미를 풍기는 고야드의 패턴은 품격 있
는 여행용품에 안성맞춤이다. 설립 초기(1853년 설립)에
는 고야드 컬렉션이 주로 왕족과 귀족들의 의류나 귀중
품을 보관하고 옮기는 포장박스나 트렁크 위
주로 이루어져 있었지만, 요즘은 중년층 청
년층 가릴 것 없이 보잉, 생루이 토트백,
그리고 특대형 클러치를 들고 거리를 활
보하는 파리 여성들을 자주 볼 수 있다.
고야드의 기하학적 패턴 자체도 상징
적지만, 제품을 더욱 특별하게 만드
는 것은 고객이 원하는 대로 밝은
색상의 줄무늬나 이니셜, 혹은 도안
을 찍어주는 서비스가 가능하다는 점이
다. 일반인들에게 허용되지 않은 도안
이 딱 하나 있는데, 그것은 공인된 왕
족들만 사용할 수 있는 왕관 도안이다.

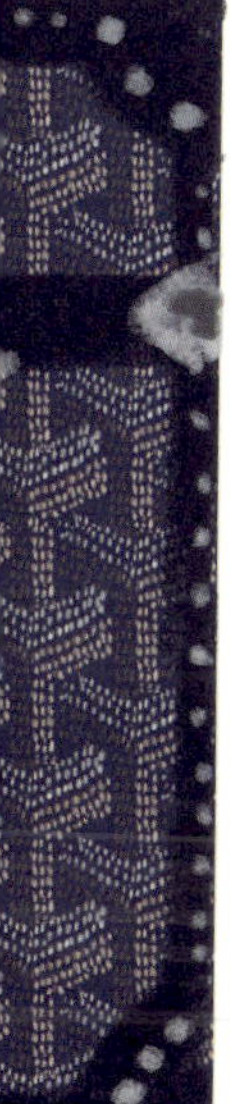

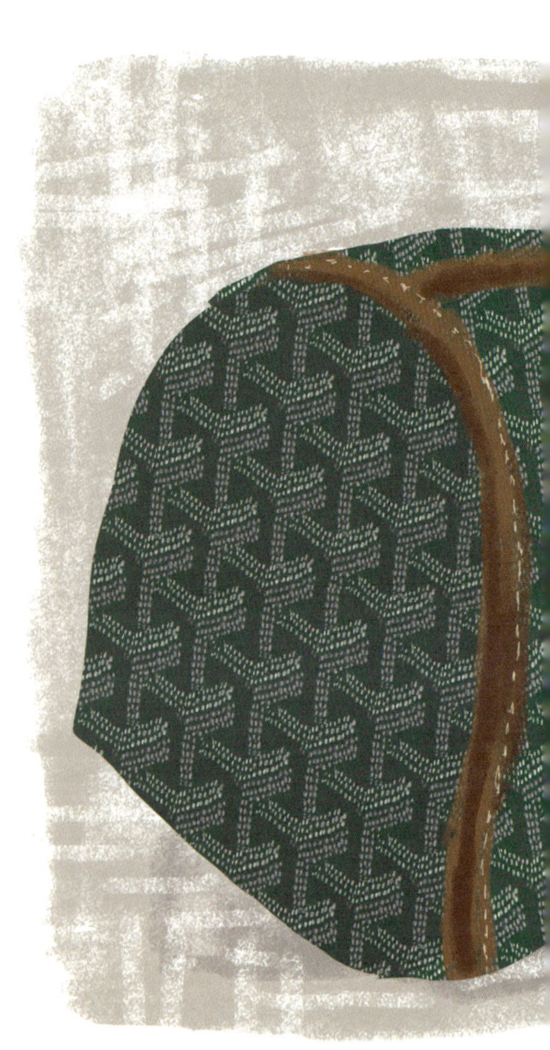

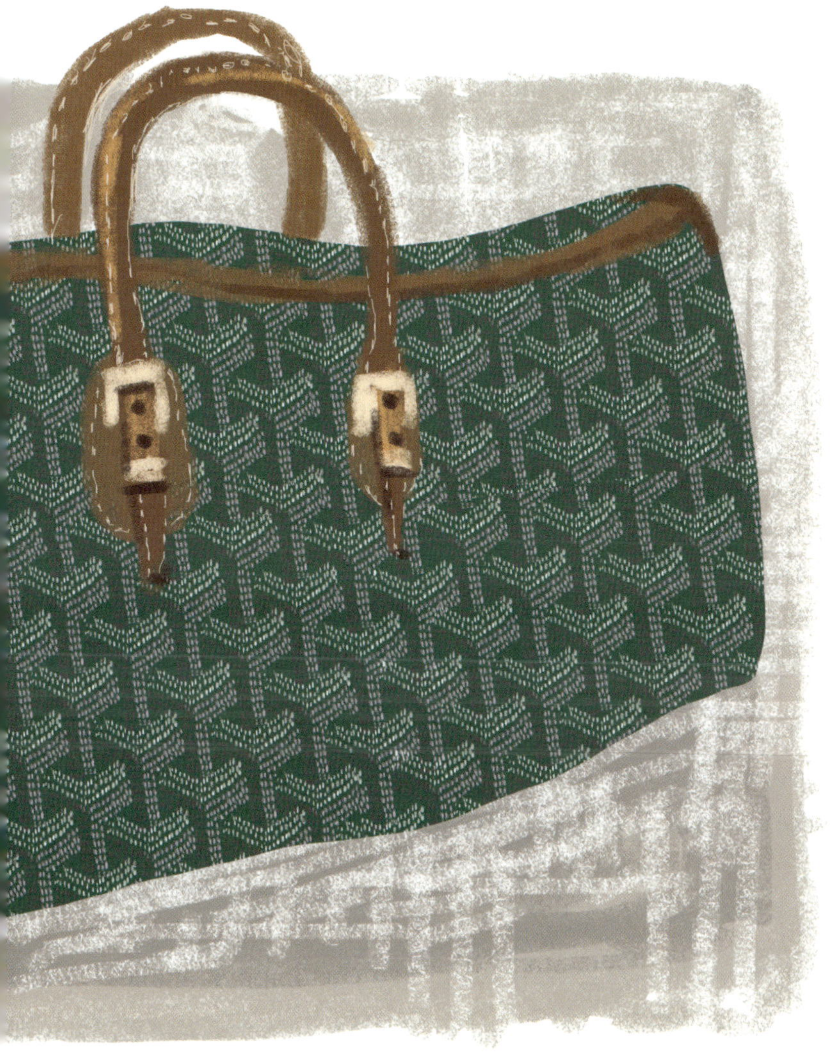

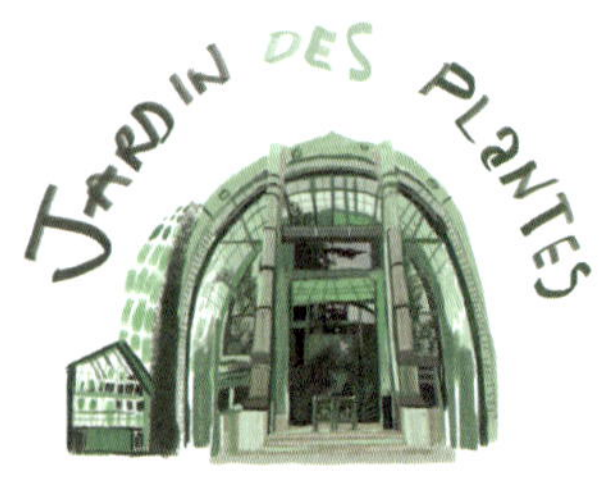

파리 식물원

57 Rue Cuvier | 75005

딱 몇 분만 둘러보고 갈 생각이었다. 하지만 결국 미술대 학생들과 어린 아이들, 그리고 다른 방랑자들 사이에서 스케치를 하며 하루 온종일 식물원 안에서 보내게 되었다. 우리는 조붓한 보행용 발판을 살금살금 걸어서 열대 환경을 탐색했다. 나는 나선형 계단을 걸어 둥근 유리 지붕으로 올라가서 저 아래 흐르는 검은 물속을 헤엄치는 황금빛 잉어 떼를 내려다보았다. 그런 다음 나머지 시간은 온실 지면에 서식하는 셀 수 없이 많은 식물 종들을 관찰하고 스케치하며 보냈다. 후에 그 스케치들은 식물 패턴 시리즈로 탄생되었다.

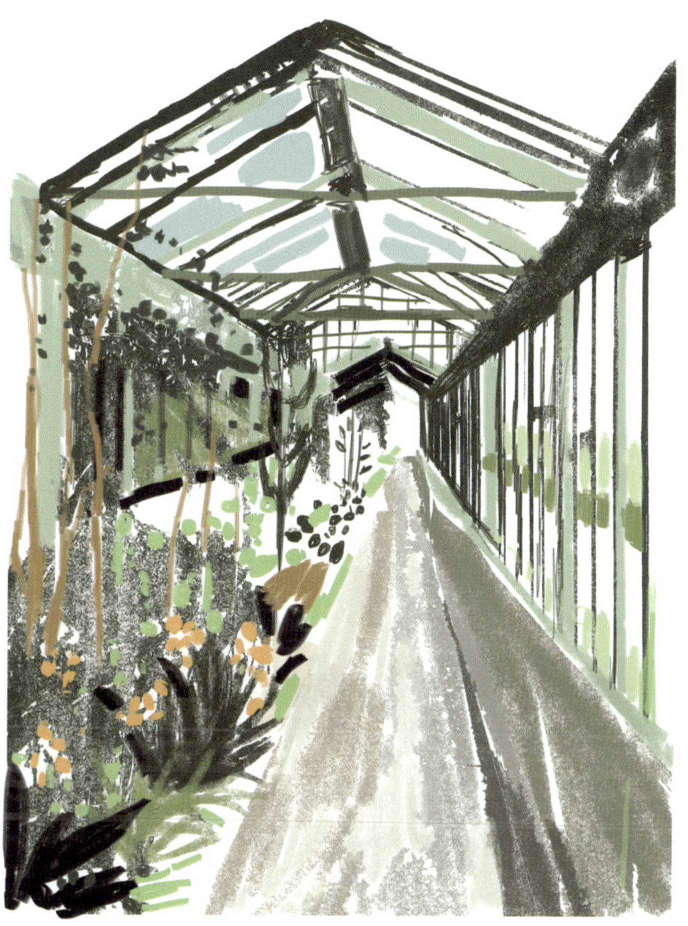

온실 안에는 사람의 마음을
편안하게 해 주는 무언가가 있다.

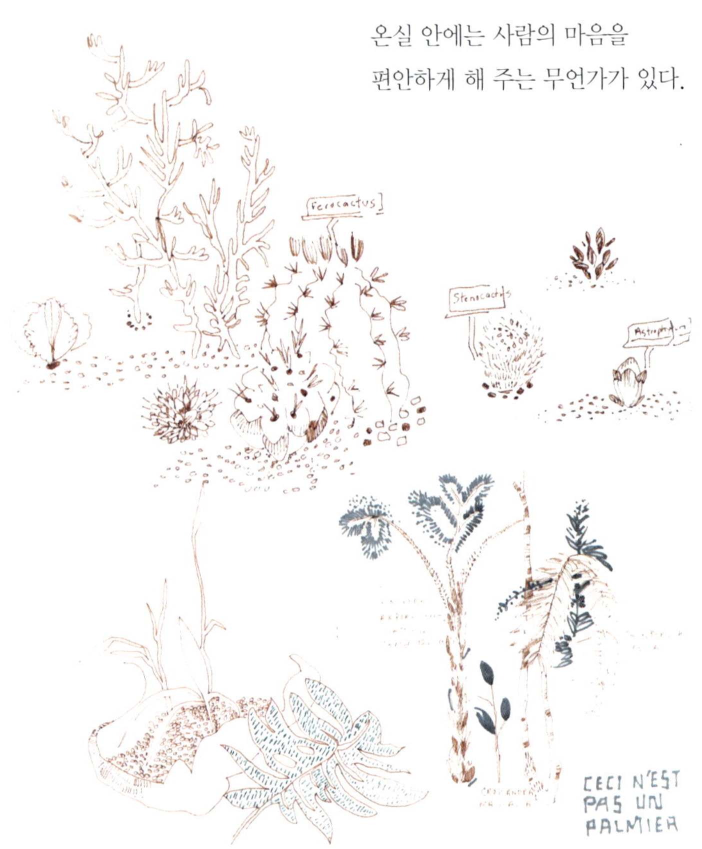

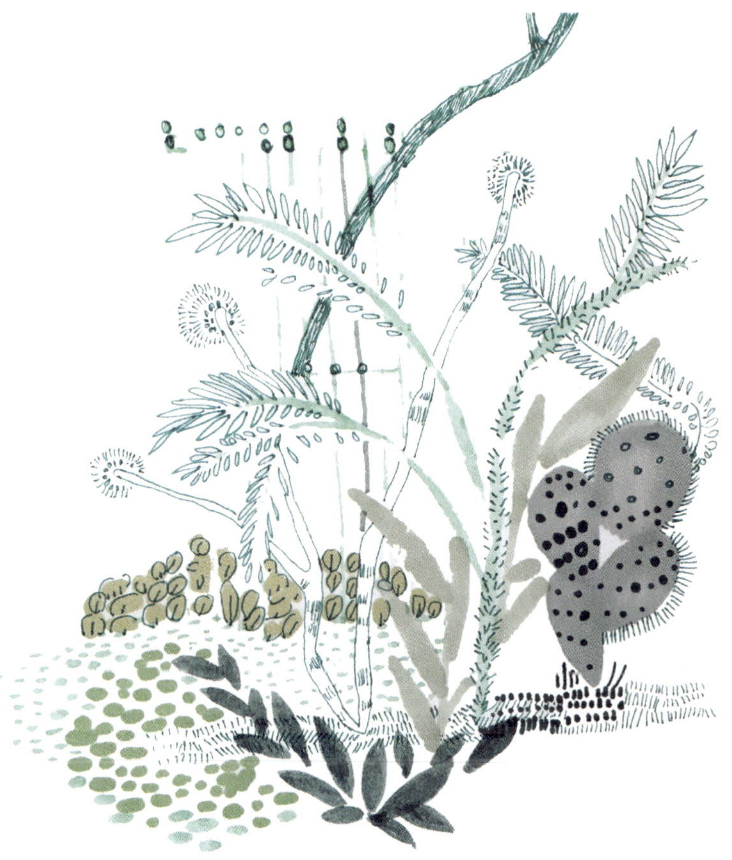

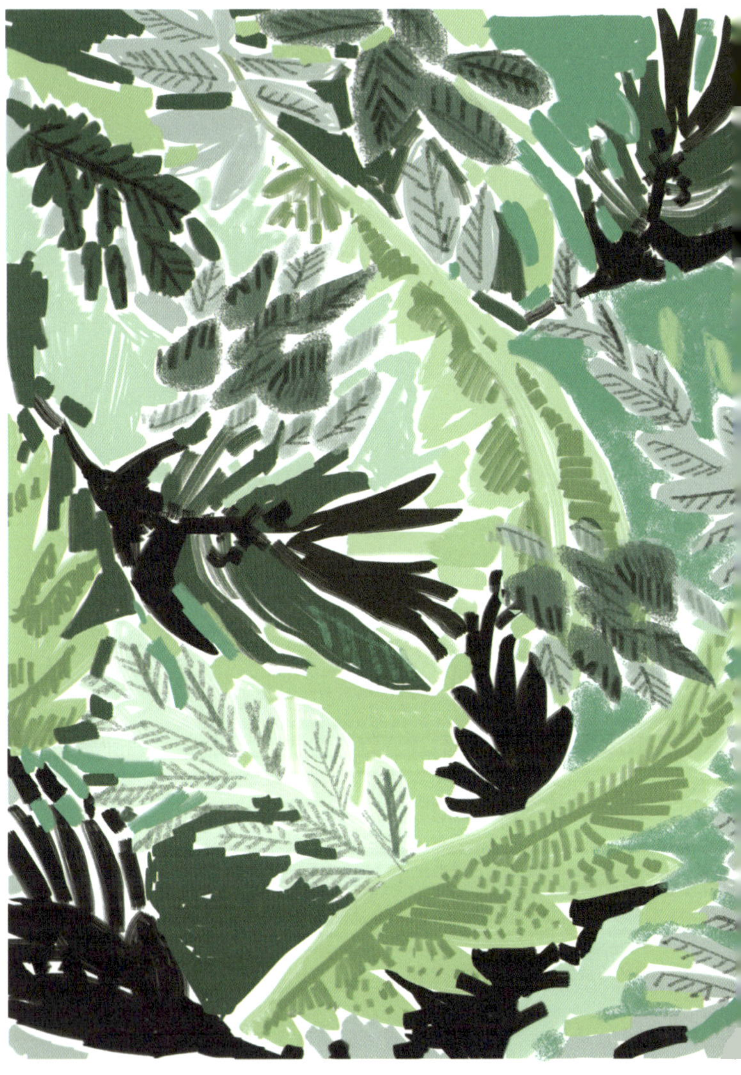

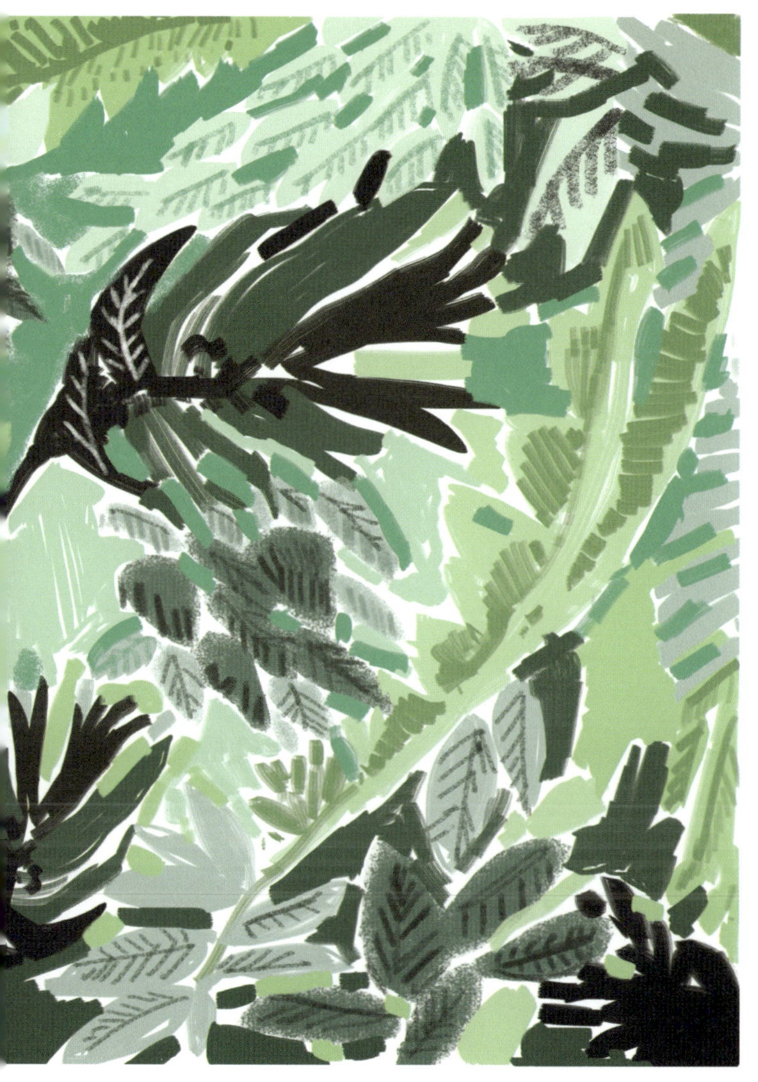

파비용 데 카노

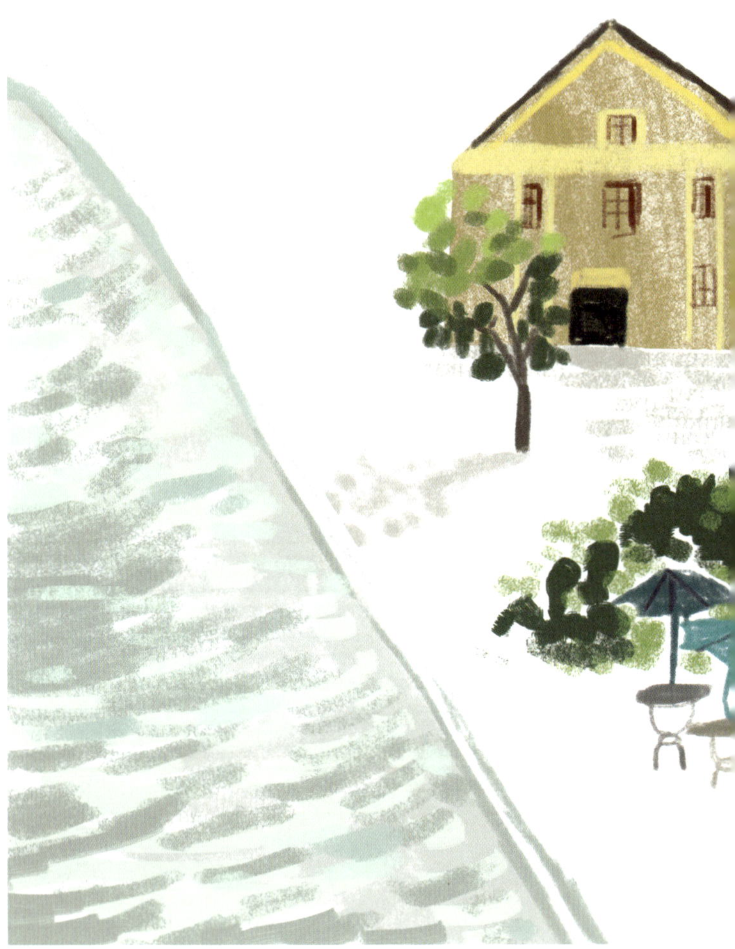

파비용 데 카노(Pavillon des Canaux)는 경쾌하고도 격식 없이 편안한 절충주의 인테리어가 돋보인다. 위층에는 부엌, 침실, 그리고 갈고리발톱 모양의 다리가 달린 욕조가 놓여 있는 욕실까지 있다. 손님들은 이렇게 가정집 분위기를 그대로 살려놓은 공간에서 느긋하게 기대앉아 음식을 먹거나 커피를 홀짝일 수 있다. 바닥과 계단의 패턴도 재미있지만 무엇보다 흥미로운 패턴은 건물 파사드에서 볼 수 있다. 늘 새롭게 바뀌는 화려한 패턴이 이 카페의 건물 정면을 장식하고 있는 것이다. 그 패턴은 운하 건너편, 멀리 떨어진 곳에서도 보인다.

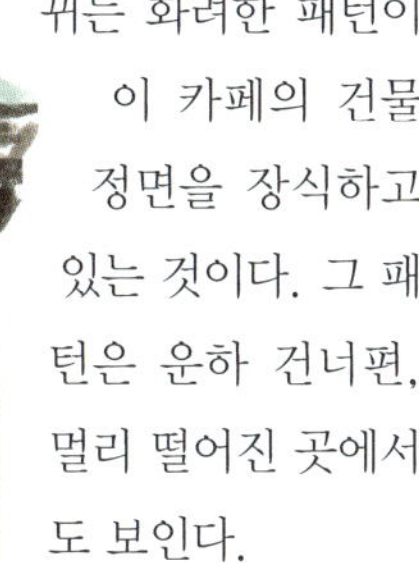

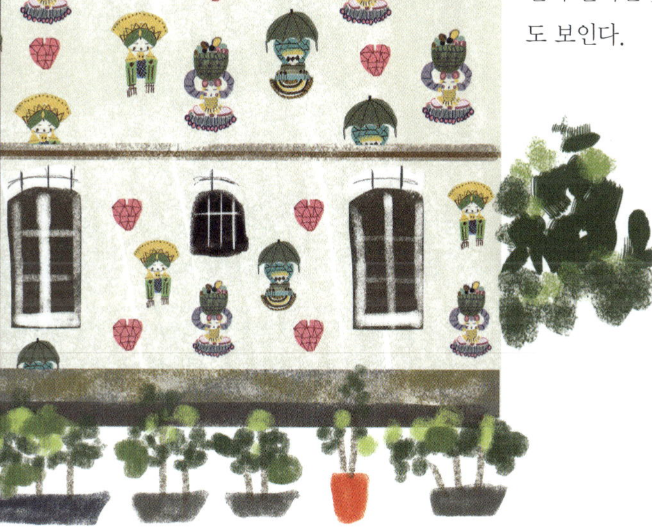

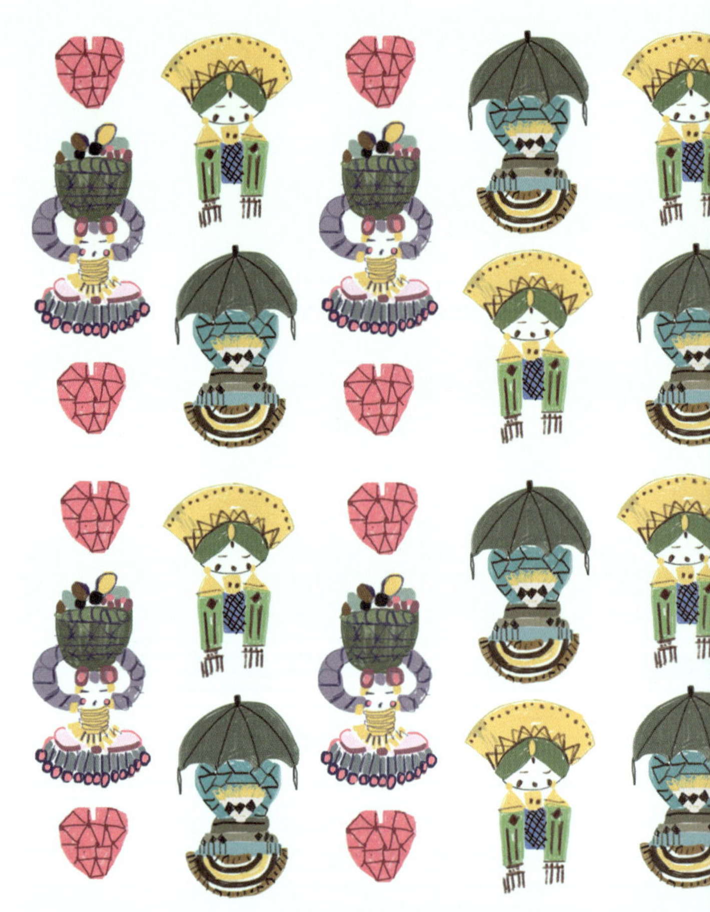

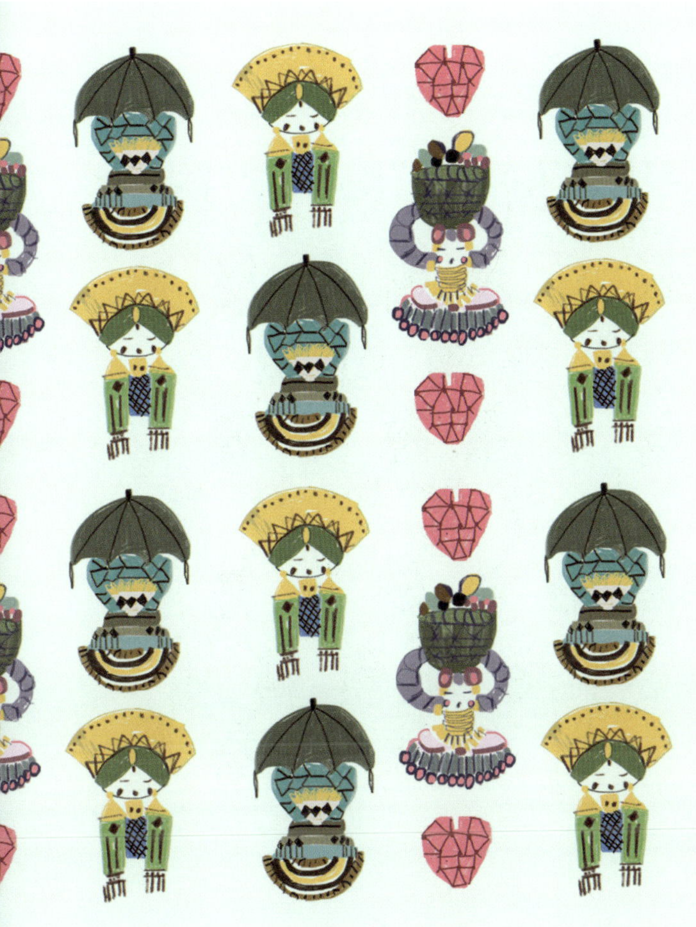

바닥 타일

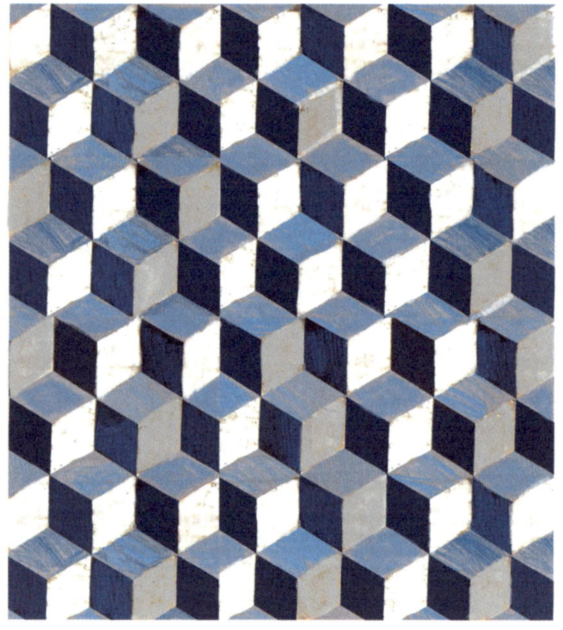

육각 콘크리트 타일

오블라디 카페

파리 사람들은 바닥에서도 아름다움을 끌어낸다. 내가 변함없이 좋아하는 패턴 중 하나는 고전적이고 대담한 육각 콘크리트 타일(carreaux de ciment)이다. 이 타일은 세월이 흐를수록 깊은 멋이 우러나온다. 파리의 신생 카페 중 하나인 오블라디 카페 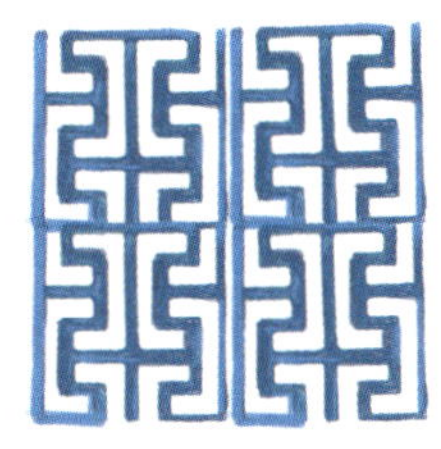 (Ob-La-Di Café)에서 사용된 타일에서도 내가 좋아하는 기하학적 패턴을 찾아볼 수 있다.

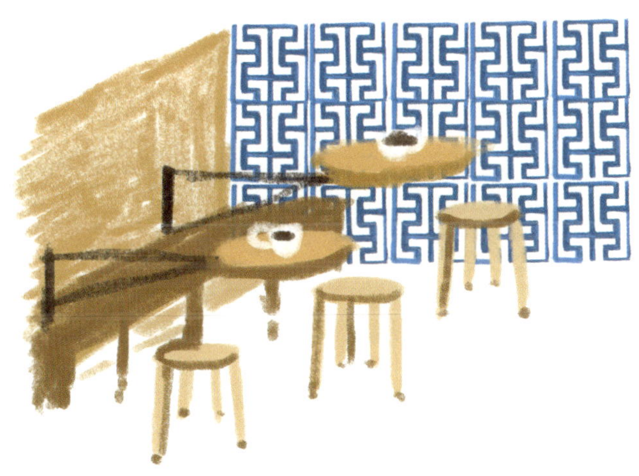

갤러리 비비엔느

4 Rue des Petits Champs | 75002

파리의 아름다운 통로인 갤러리 비비엔느(Galerie Vivienne)
는 복잡한 모자이크와 타일 바닥들로 가득하다. 아트리움
을 통해 햇빛이 들어오면 통로 타일 바닥은 은은한 빛으로
반짝인다.

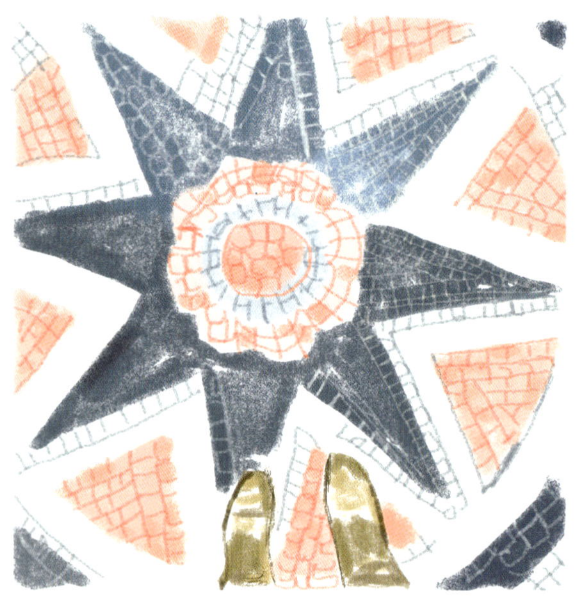

셉팀

80 Rue de Charonne ┃ 75011

셉팀(Septime)은 요즘 파리에서 제일 잘나가는 신개념 레스토랑 가운데 하나다. 이 레스토랑의 접시와 잘 어울리는 바닥 타일은 완벽 그 자체다.

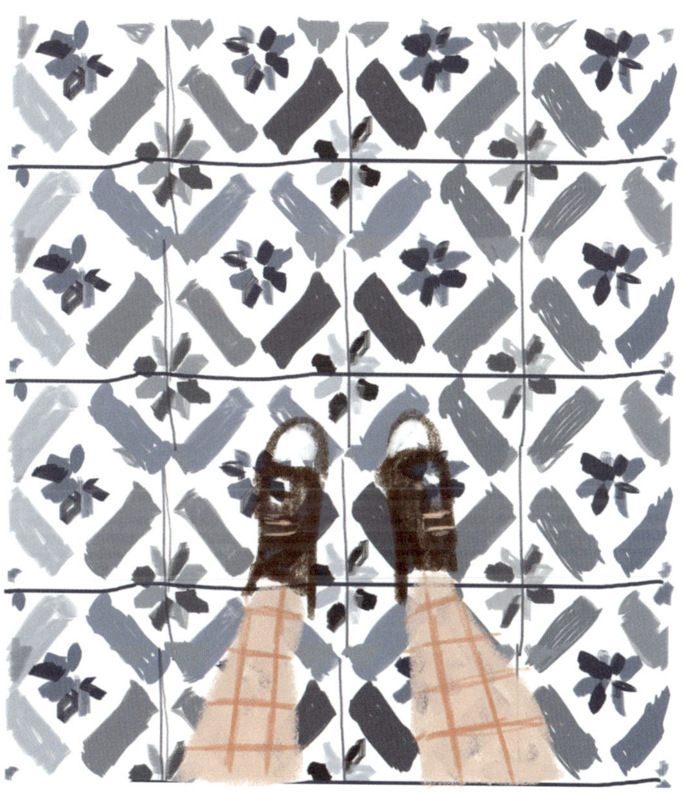

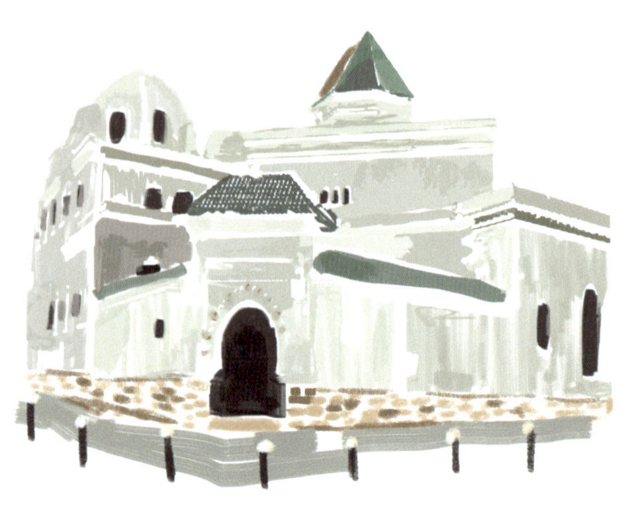

파리 이슬람 사원

2bis Place du Puits de l'Ermite I 75005

이슬람 사원의 안마당은 복잡한 도안의 타일 모자이크로 덮여있다. 그 반들반들한 타일들을 보고 있노라면 손으로 쓸어보고 싶은 충동을 억누를 수 없다. 바깥에서는 지붕 부분의 타일 모자이크만 살짝 보여서 소박한 느낌을 주지만, 북아프리카와 스페인 양식이 어우러진 평온한 경내에 들어서면 아름다운 색과 패턴들이 펼치는 유쾌한 향연을 감상할 수 있다.

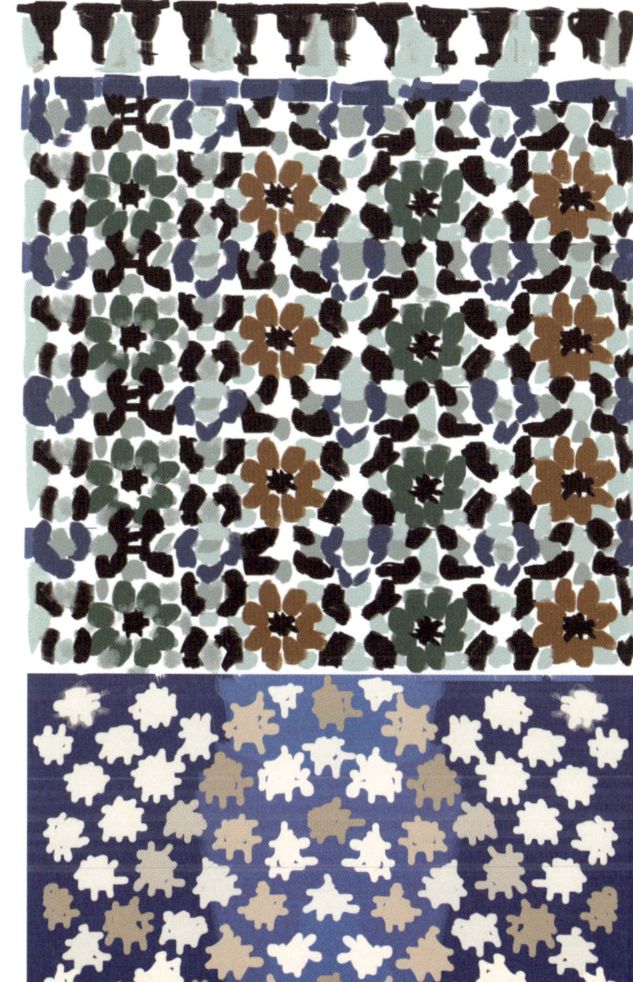

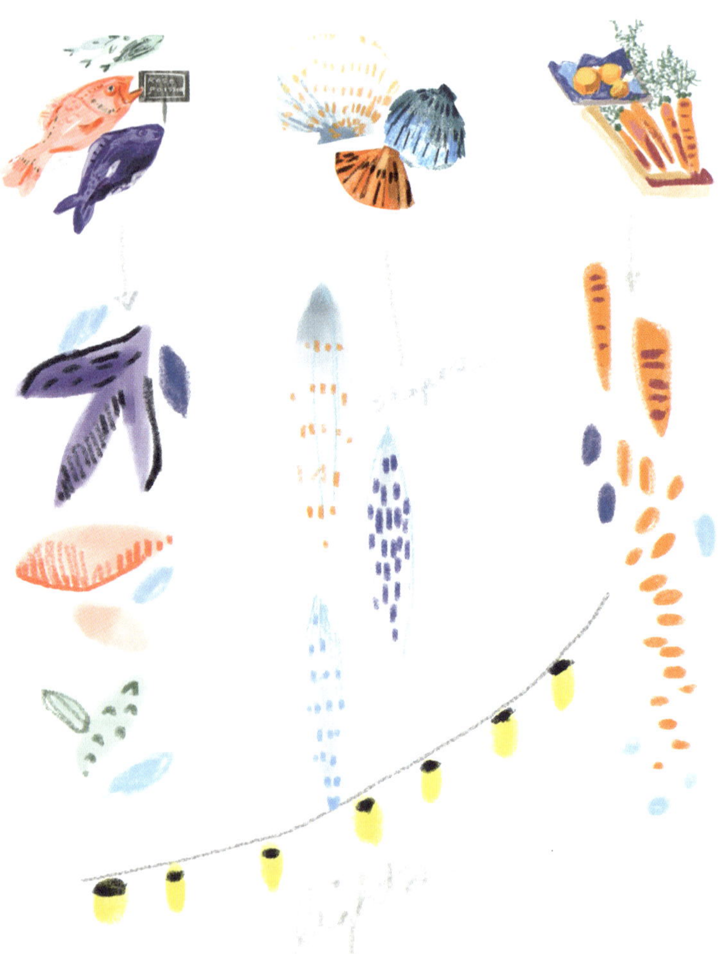

앙팡 루즈 시장

39-41 Rue de Bretagne ┃ 75003

나는 비오는 날엔 앙팡 루즈 시장(Marché des Enfants Rouges)에 간다. 오렌지, 청어, 라넌큘러스 다발 같은 상품들은 비오는 날 더욱 유혹적으로 빛난다. 가게 천막마다 주홍색 전등 빛으로 환하게 물든다. 이렇게 아름다운 파리의 비오는 오후에 시장 통로를 거니노라면 줄무늬를 그리며 내리는 빗방울들이 내 발에 톡톡 부딪고 발밑에선 물웅덩이가 찰박거린다. 이토록 충만한 시각적 감각적 환희가 어찌 하나의 패턴으로 승화하지 않겠는가?

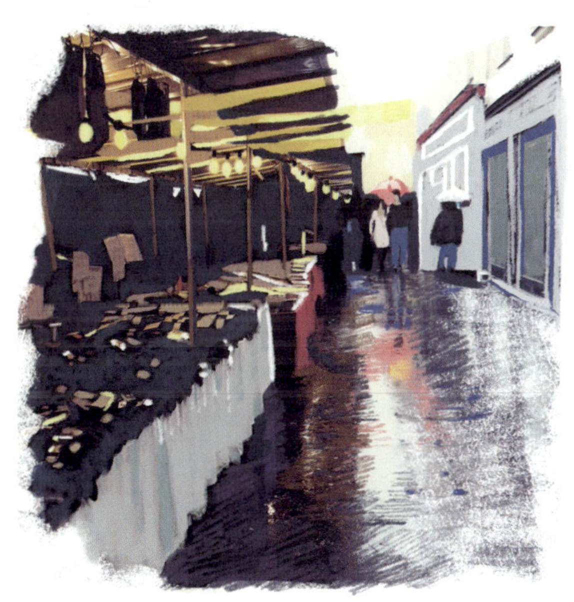

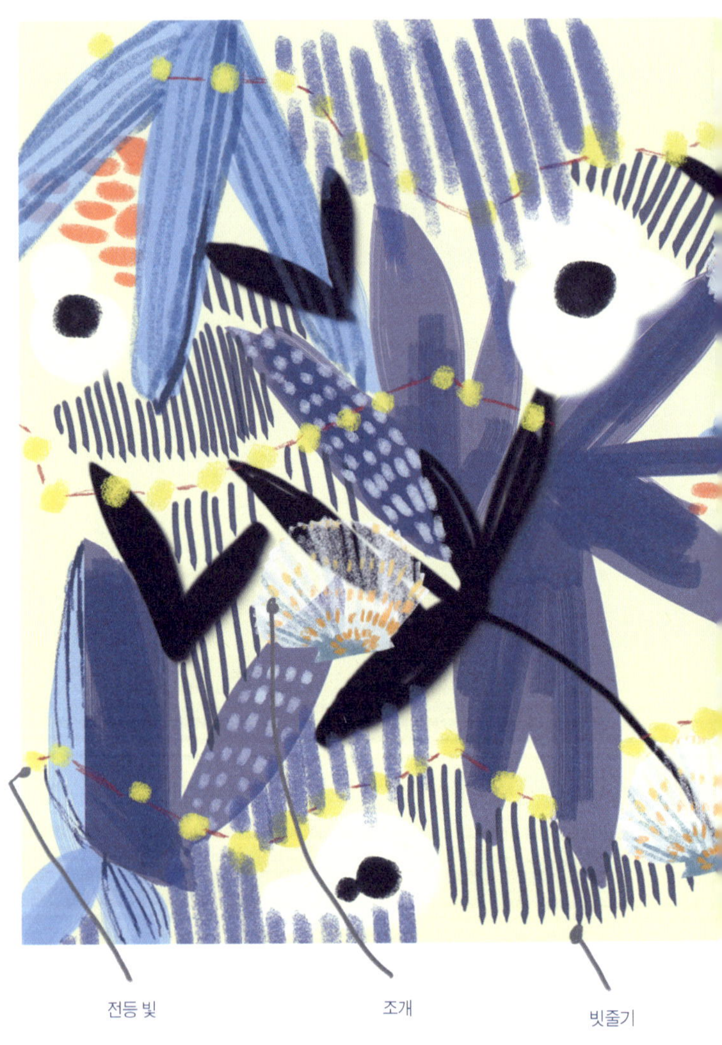

전등 빛　　　　조개　　　　빗줄기

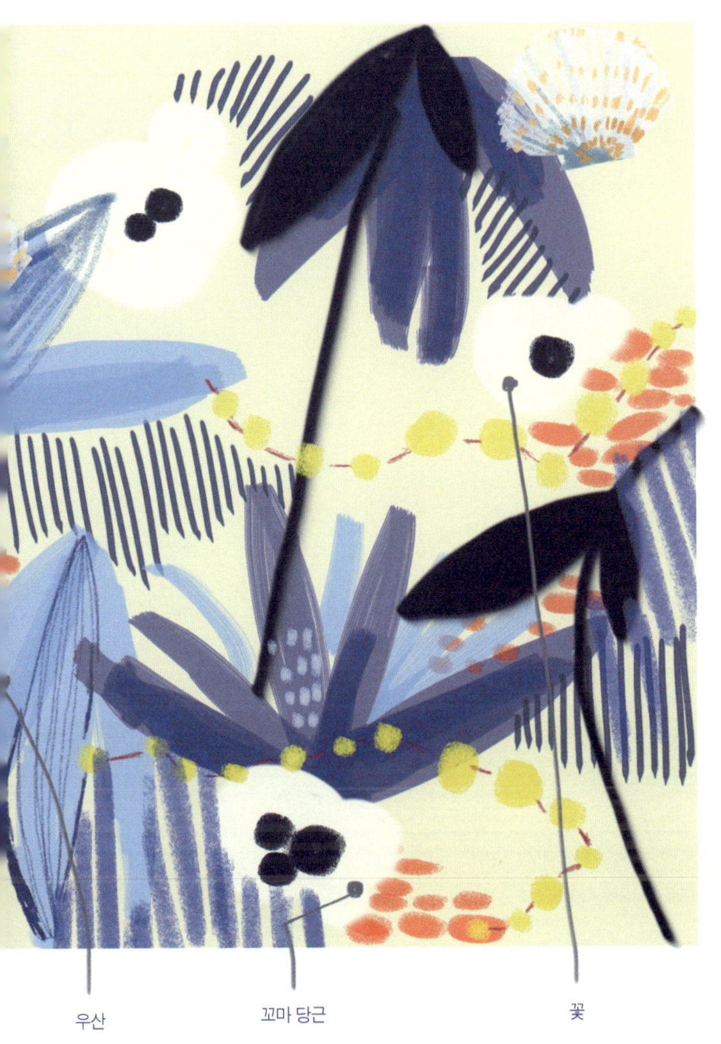

우산
꼬마 당근
꽃

chapter 3

파리의 원근법

•

원근법은 3차원적 입체감을 부여하기 위해 사용하는 시각적 기법이다. 원근법 중에서 가장 일반적인 것은 소실점의 개수에 따라 규정되는 1점 투시, 2점 투시, 그리고 3점 투시법이다. 1점 투시는 끝으로 갈수록 점점 더 좁아드는 정면에서 바라보는 도로처럼, 수평선에 있는 한 개의 소실점으로 모이는 방식이고, 소실점이 두 개인 2점 투시는 상자나 건물의 모서리를 그리는 데 흔히 사용되는 방식이다. 그리고 3점 투시는 새처럼 대상을 내려다보는 방식의 '조감 투시' 혹은 벌레처럼 대상을 밑에서 올려다보는 방식의 '앙시 투시'라고 불리기도 한다.

perspective

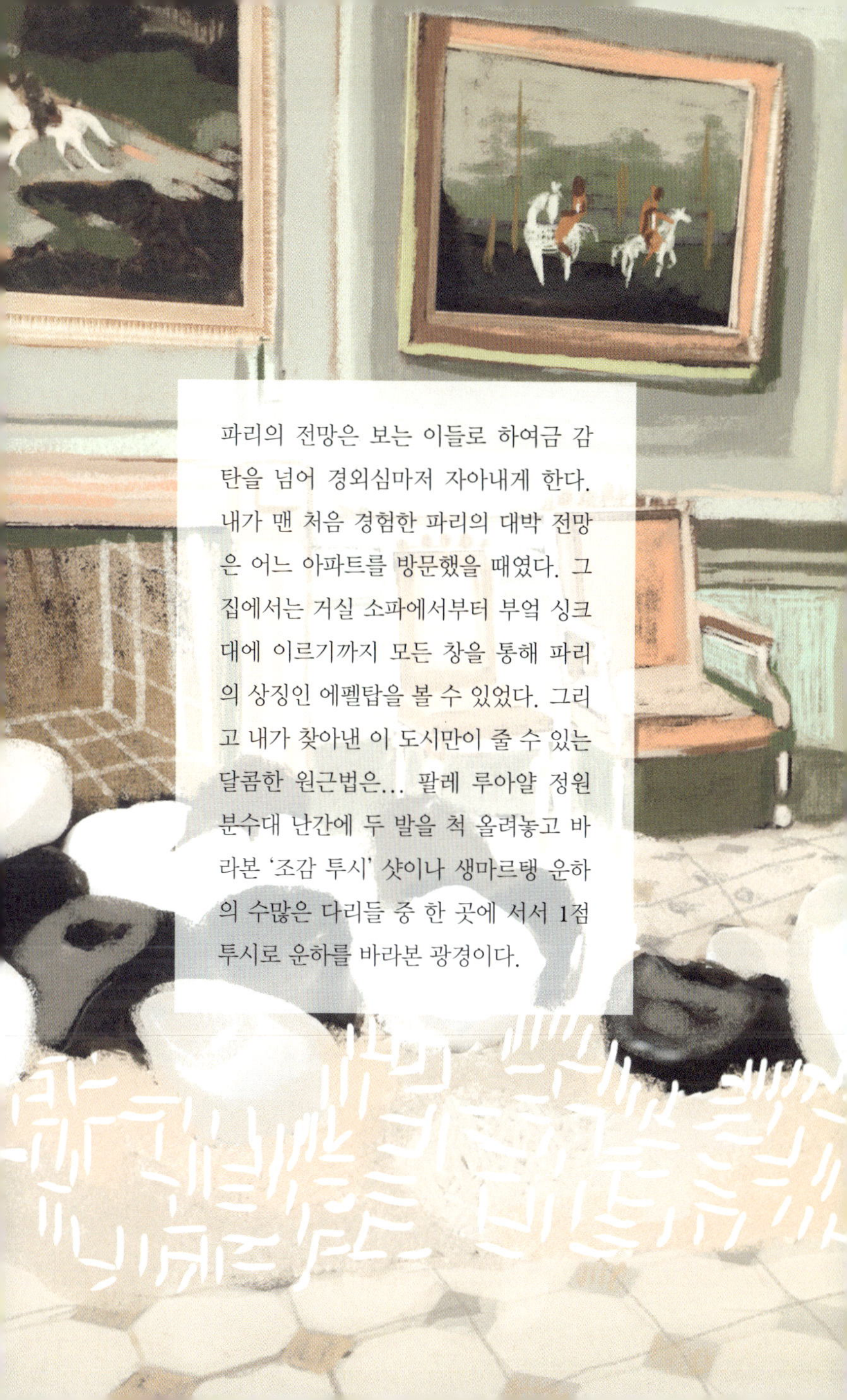

파리의 전망은 보는 이들로 하여금 감탄을 넘어 경외심마저 자아내게 한다. 내가 맨 처음 경험한 파리의 대박 전망은 어느 아파트를 방문했을 때였다. 그 집에서는 거실 소파에서부터 부엌 싱크대에 이르기까지 모든 창을 통해 파리의 상징인 에펠탑을 볼 수 있었다. 그리고 내가 찾아낸 이 도시만이 줄 수 있는 달콤한 원근법은… 팔레 루아얄 정원 분수대 난간에 두 발을 척 올려놓고 바라본 '조감 투시' 샷이나 생마르탱 운하의 수많은 다리들 중 한 곳에 서서 1점 투시로 운하를 바라본 광경이다.

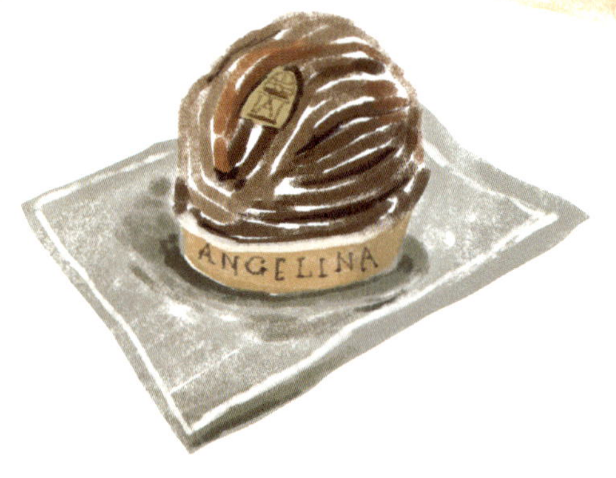

몽블랑

내가 앙젤리나 카페에 가는 주요 목적은 늘 두 가지다. 바로 그 유명한 몽블랑과 쇼콜라 쇼(chocolat chaud). 몽블랑은 머랭 위에 밤크림을 가느다란 국수 가락으로 짜서 둥근 돔처럼 만든 디저트인데, 나는 한 자리에서 다 먹어본 적이 없다. 그리고 어떤 이들에게는 쇼콜라 쇼가 단지 한 잔의 음료일 뿐일지 모르지만, 내게는 하나의 작은 사치이자 추운 겨울날 따뜻하게 반겨주는 친구와 같은 디저트이다.

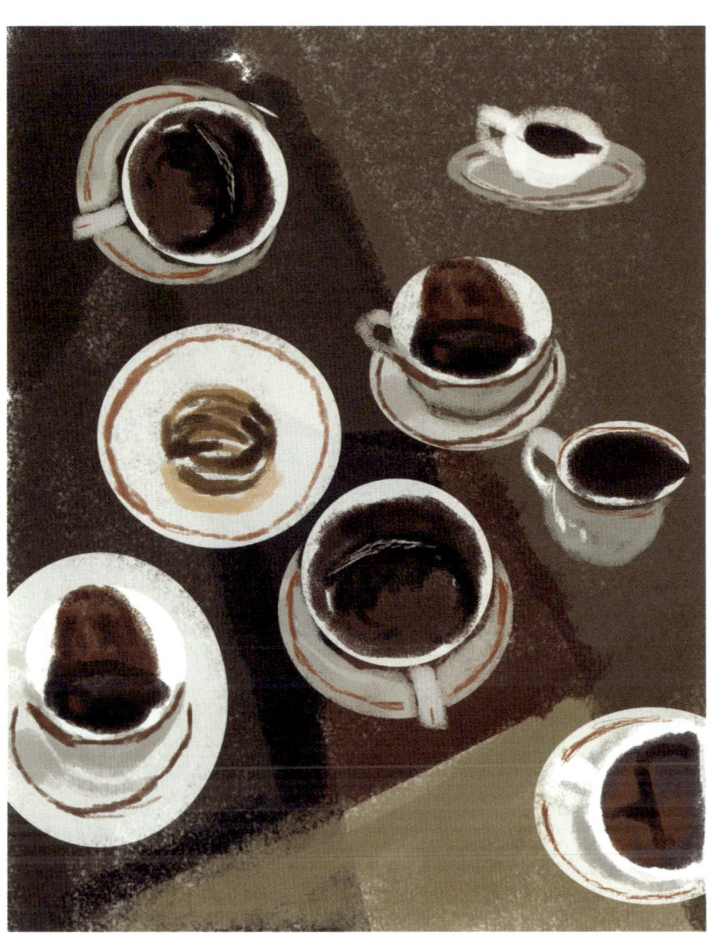

두 개의 고원

8 Rue De Montpensier **ǀ** 75001

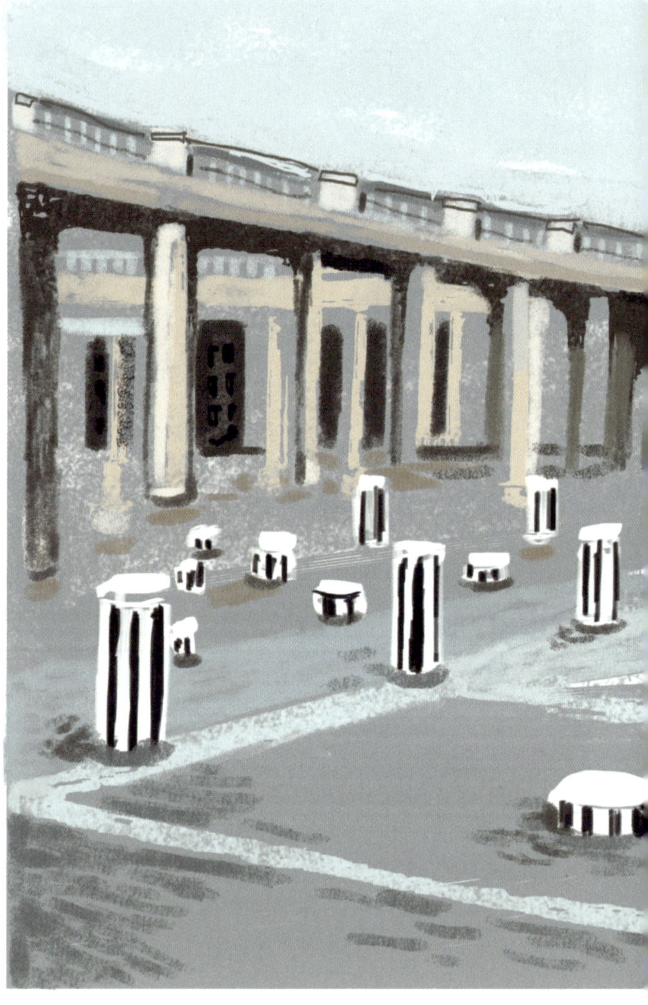

팔레 루아얄의 안뜰에 설치된
현대미술의 거장 다니엘 뷔랑(Daniel Buren)의 설치 미술
'두 개의 고원(Les Deux Plateaux)'.

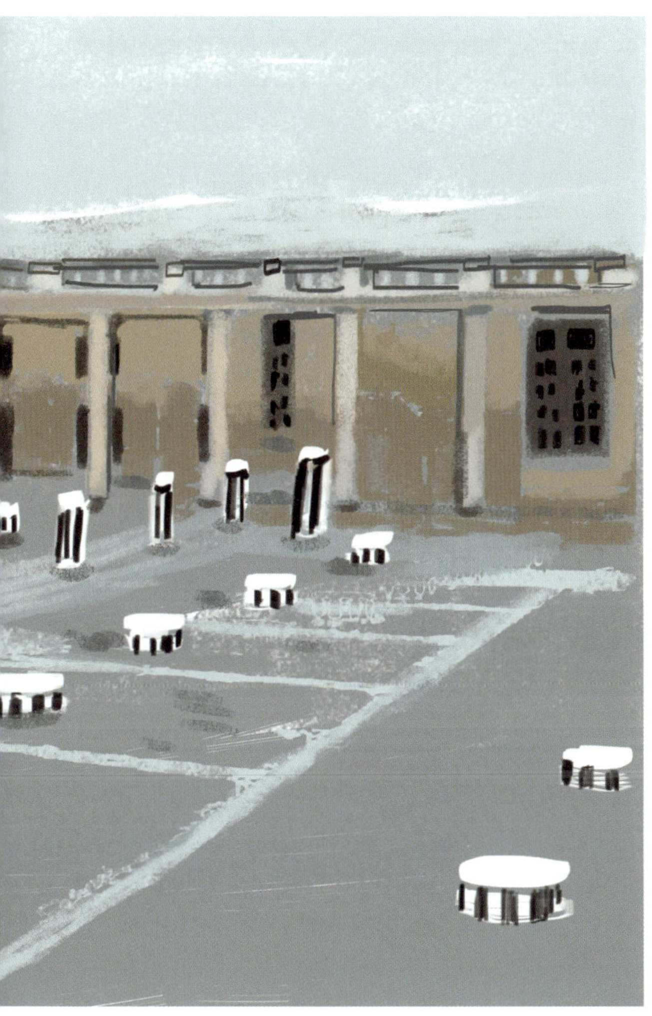

파리 식물원 온실

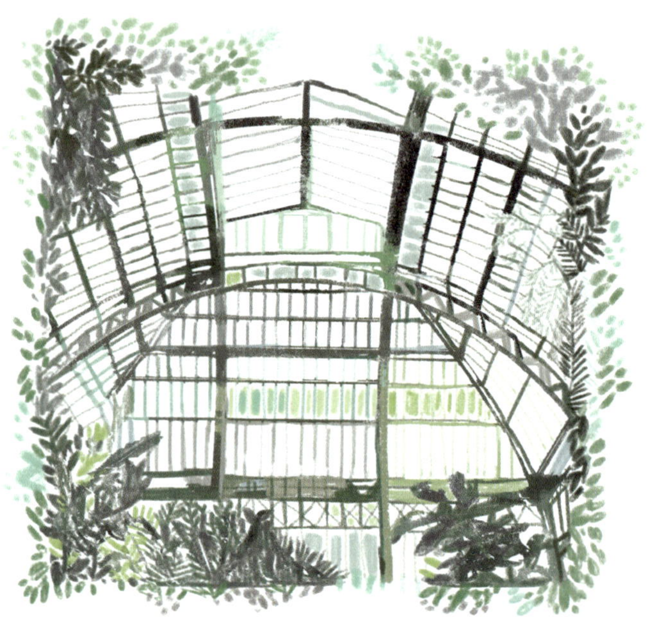

파리 식물원의 온실 내부에는 멋진 원근법이 존재했다. 나는 스케치북을 든 채, 빽빽하게 우거진 식물들에게 홀려 무아지경의 상태로 온실 안 조붓한 통로를 헤맸다. 눈에 피로감이 느껴질 때면 잠시 고개를 들어 멋들어진 격자 구조의 유리 지붕을 쳐다보았다.

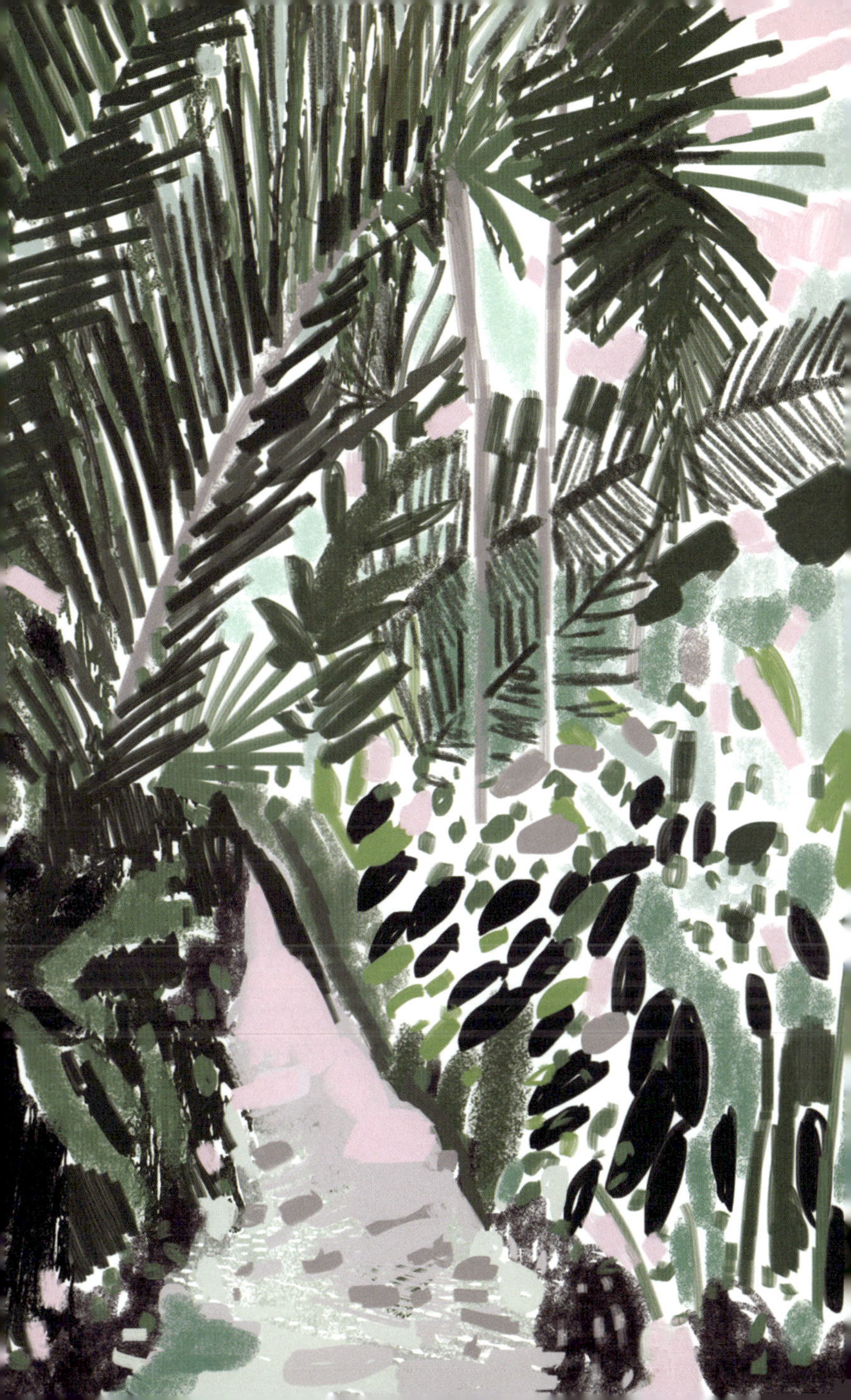

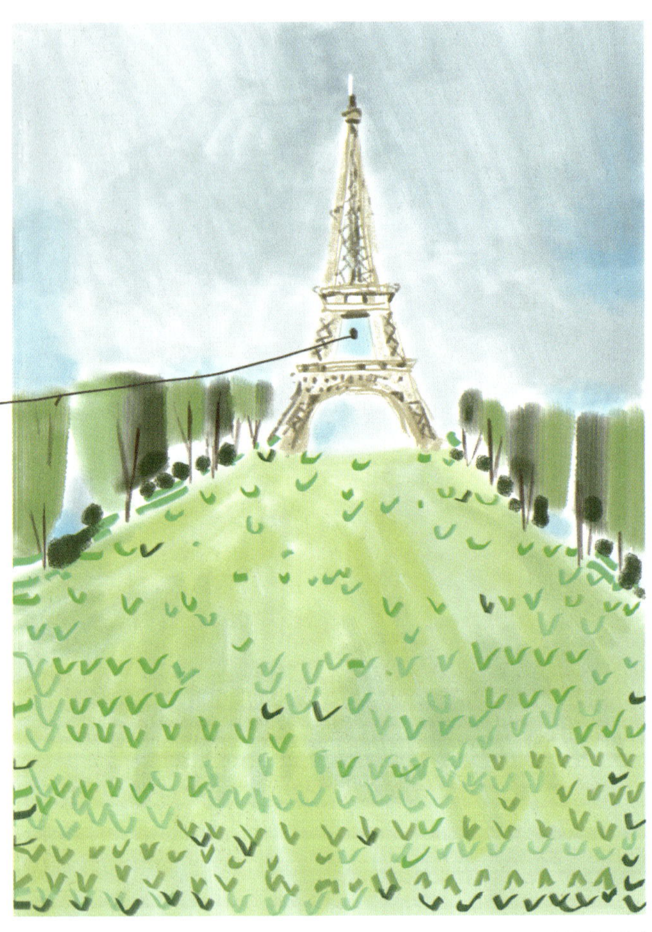

1점 투시 원근법

에펠탑

Champ de Mars, 5 Avenue Anatole France | 75007

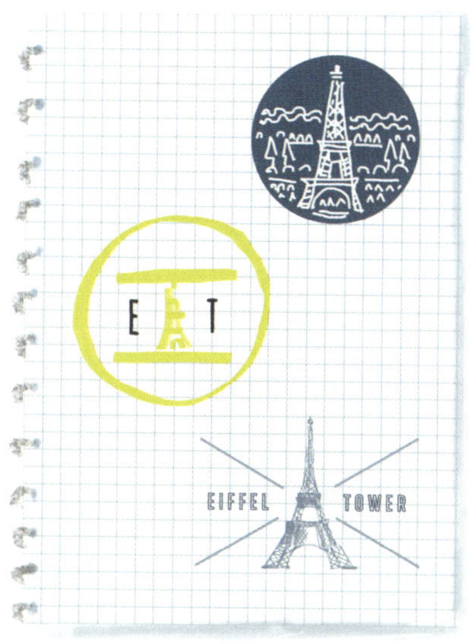

나는 에펠탑을 파리를 대표하는 상징물이라고 생각한다. 이런 생각은 이 도시를 돌아다니면서 더 확실해졌다. 공원이나 소풍지, 건물 처마와 처마 사이, 수많은 아파트의 창문… 이 도시 어디에서든 이 철제 탑을 볼 수 있었기 때문이다. 단언컨대 에펠탑은 파리의 일상을 드라마틱하게, 혹은 적어도 완벽하게 만들어주는 멋진 배경이다.

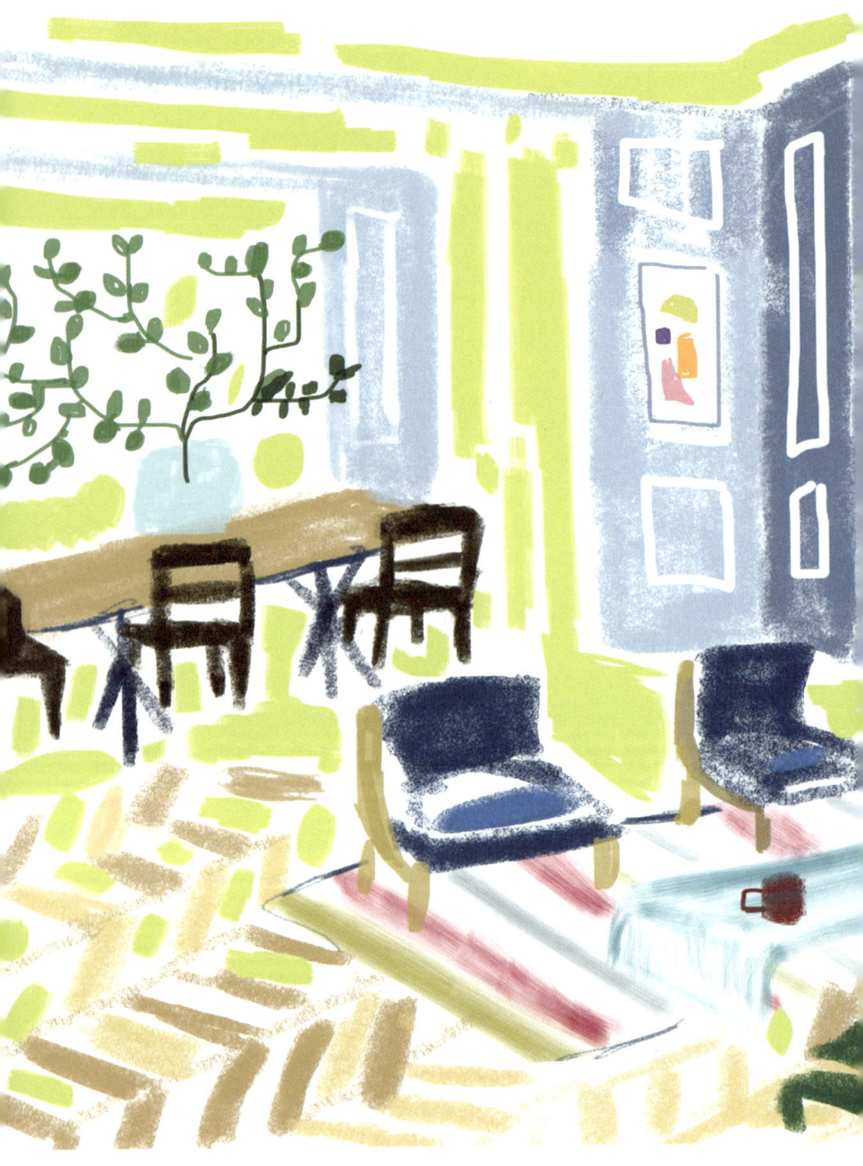

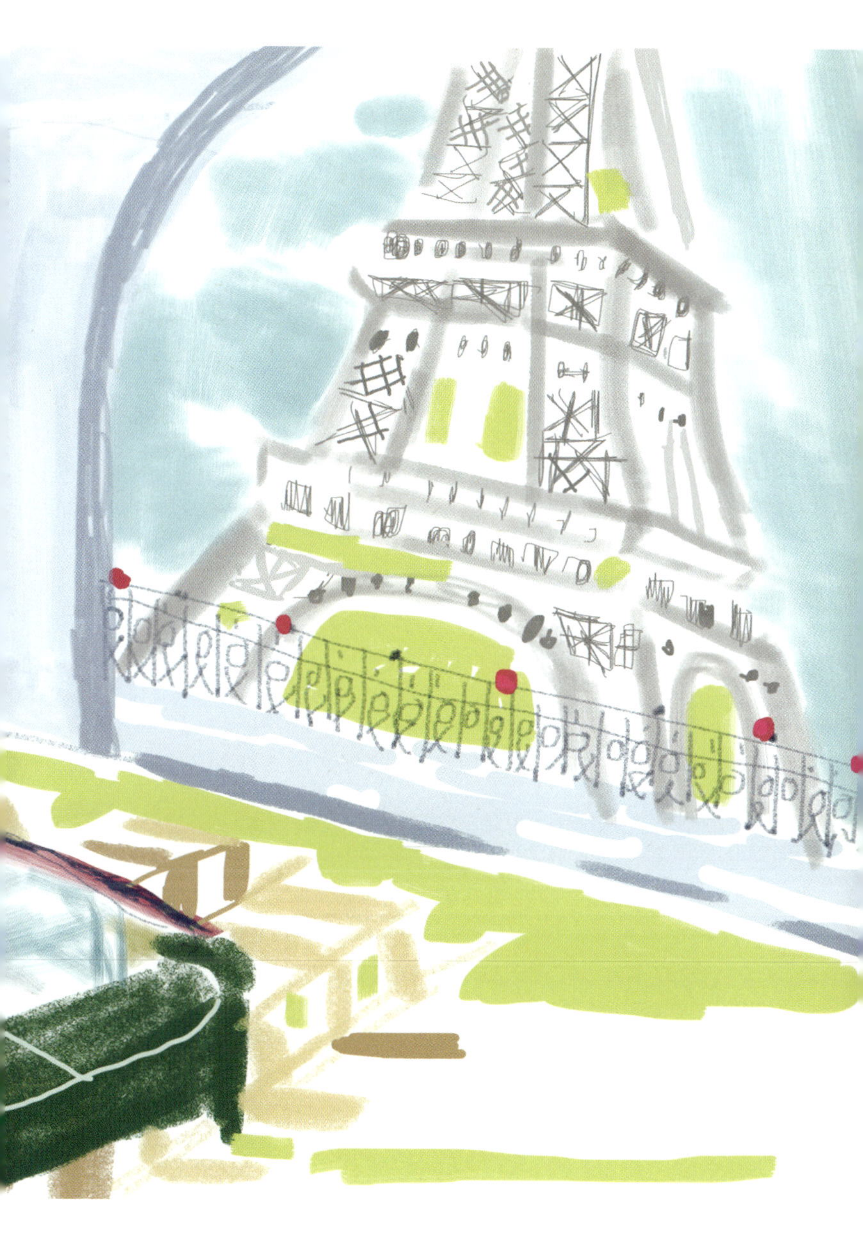

메르시 중고서점 카페

111 Boulevard Beaumarchais | 75003

이 아름다운 공간에는 책이 빼곡히 들어차 있는 완만하게 휘어진
벽이 있다. 디자인 편집매장 내에 있는 이 카페
는 천장은 높고 폭이 좁은데, 이러한 공간적
특징 때문에 손님들이 벽면을 따라 점점
이 흩어져 앉아서 커피와 일상의 사적
인 의식에 몰입할 때 아주 편안하고
아늑한 느낌을 갖게 된다.

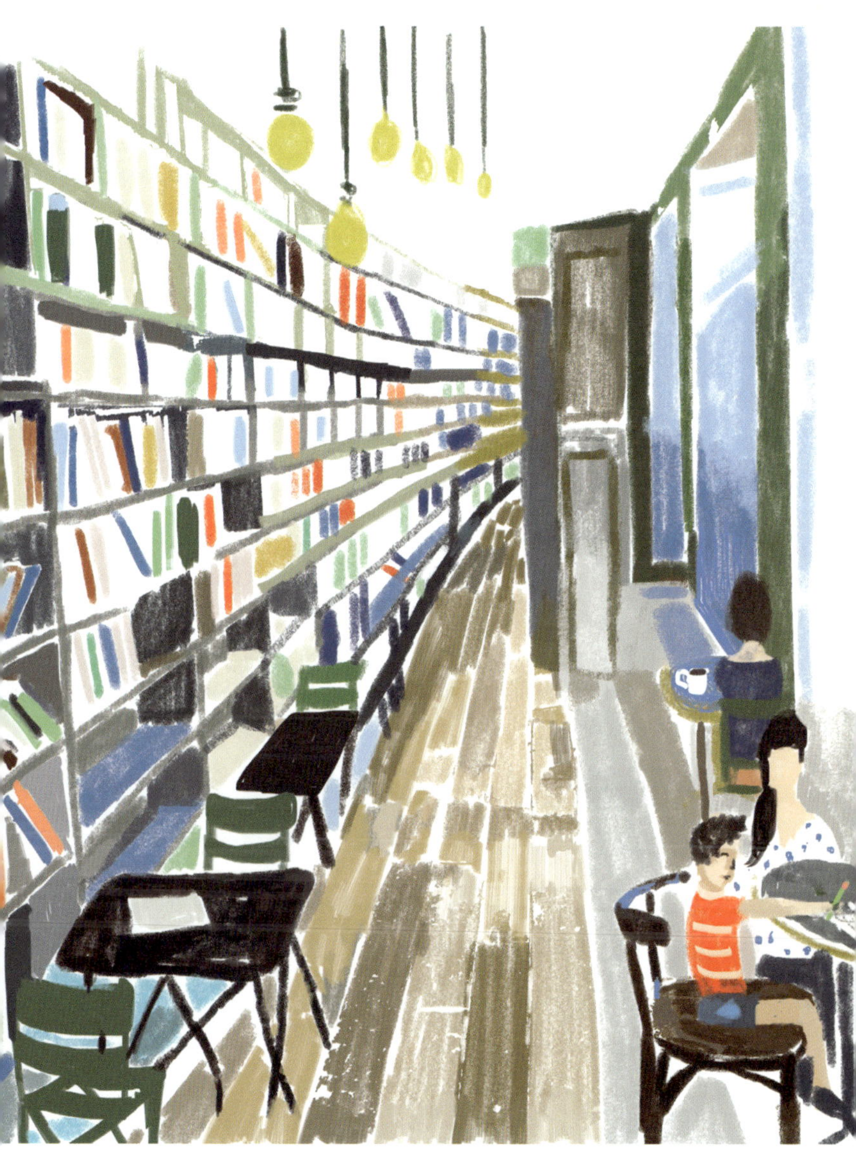

메르시의 내부

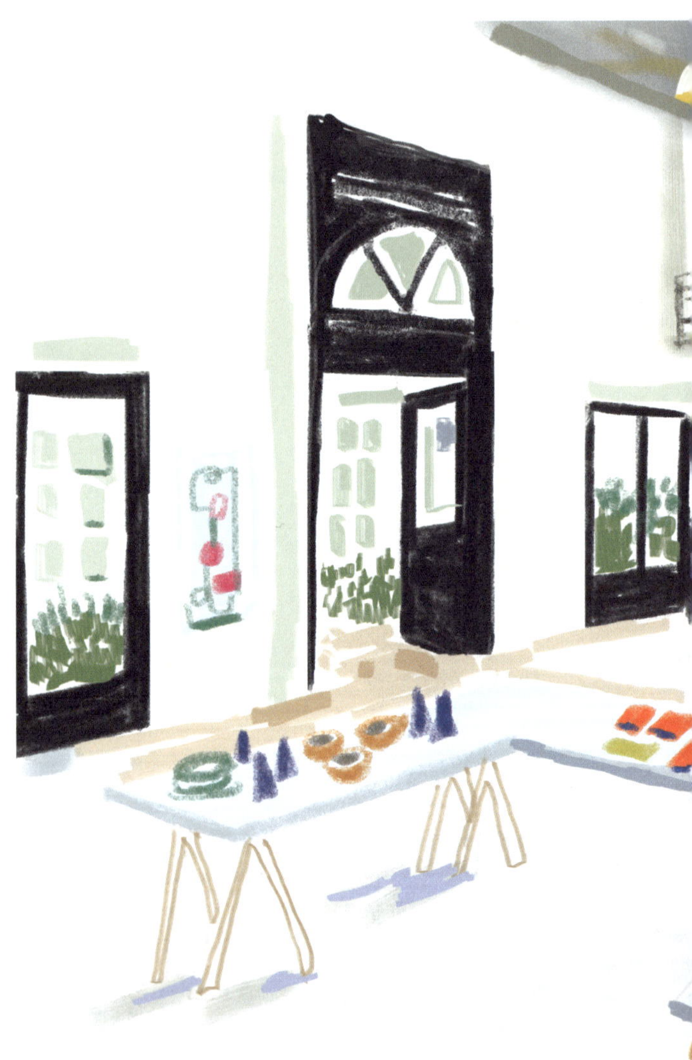

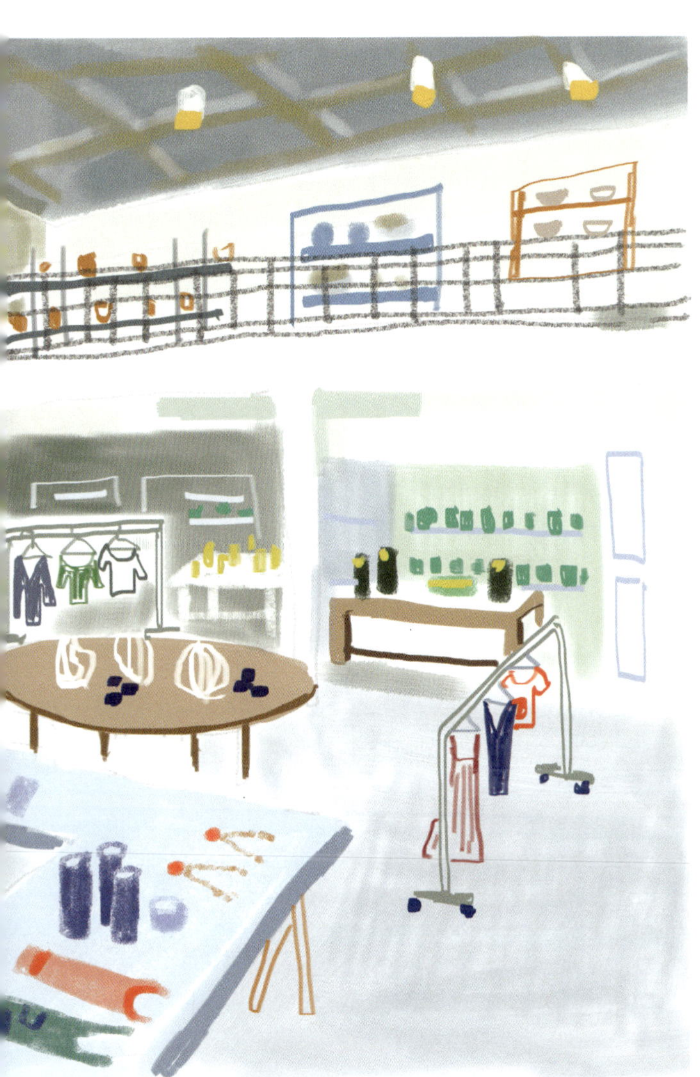

자연사박물관 대진화관

36 Rue Geoffroy-Saint-Hilaire ❘ 75005

야생동물들의 거대한 행렬이 자연사박물관
(Muséum national d'Histoire naturelle) 중앙
무대를 장악하고 있다. 규모에서든 원근법
적으로든 입이 떡 벌어질 정도의 대작이다.
이곳에 전시된 표본만도 9,000점이 넘는데,
이 박물관에는 그것 말고도 수백만 점 이상
의 표본들이 소장되어 있다.

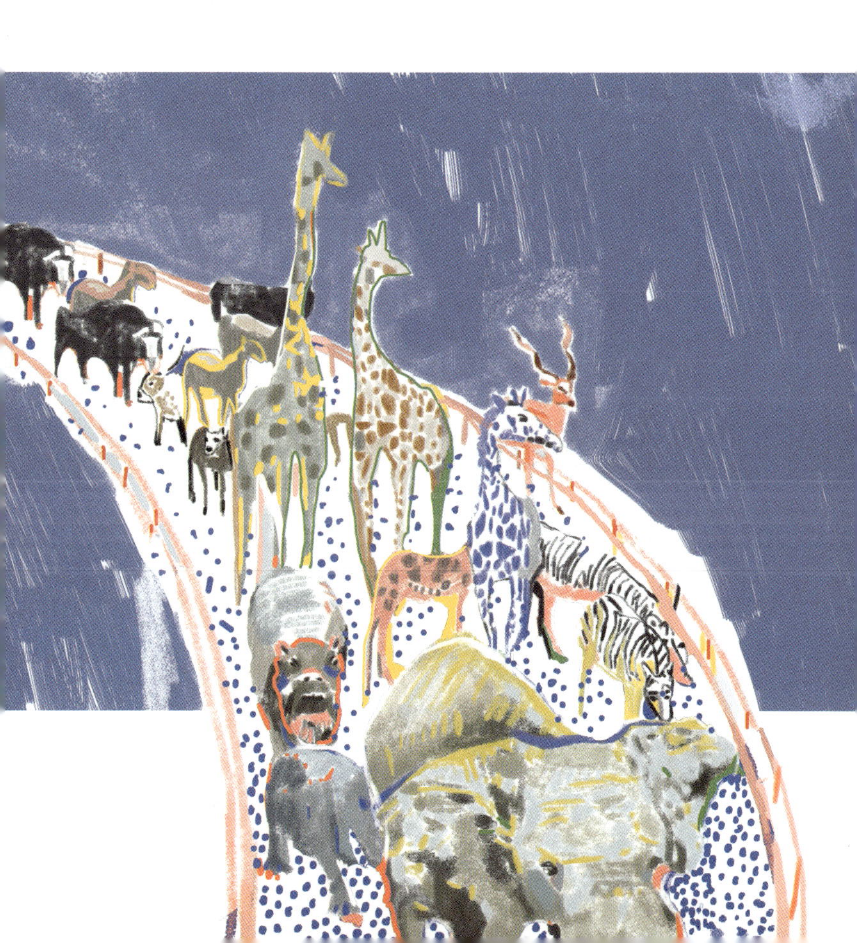

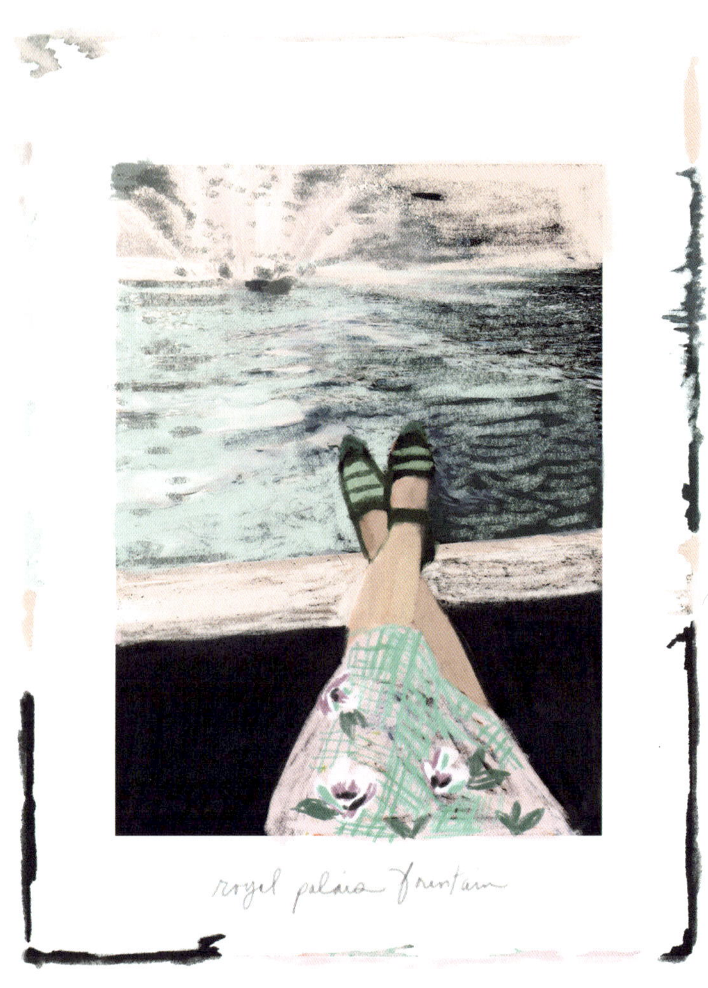

프랑스 혁명 기념일(7월 14일)에 팔레 루아얄 분수 주위에서
빈둥대며 행복한 시간을 보냈다.

팔레 루아얄 정원

6 Rue de Montpensier | 75001

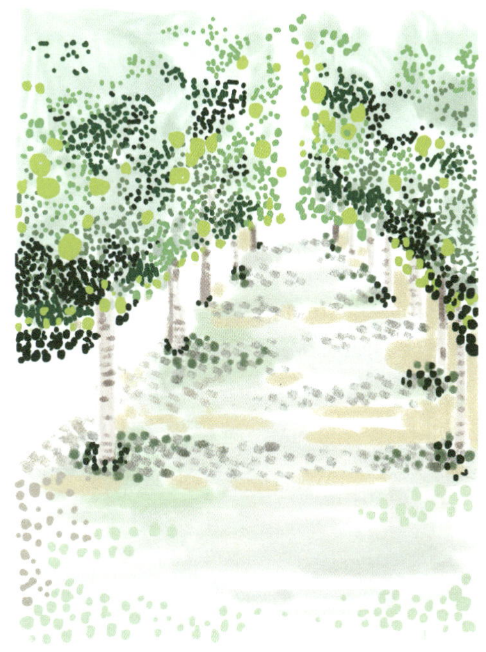

팔레 루아얄 정원(Jardin du Palais-Royal)에서의 원근법 연구

나무의 우듬지에서 차단된 햇빛이 그늘진 통로와
뚜렷한 경계를 이루는 광경을 포착해 보고 싶었다.
자그락대는 자갈길은 점을 찍어 표현했다.

모나리자

Musée du Louvre | 75001

모나리자를 감상한다는 것은 무수한 숭배자들에게 둘러싸인 그녀를 멀찌감치 떨어져서 원근법적 시각으로 바라보는 것이었다. 내가 유명 미술품이 전시된 수많은 방들을 지나서 모나리자가 걸려 있는 '살 데 제타(Salle des Etats)' 전시실로 서둘러 걸어가는 동안, 모나리자 앞에는 이미 수많은 사람들이 운집해 있었던 것이다.

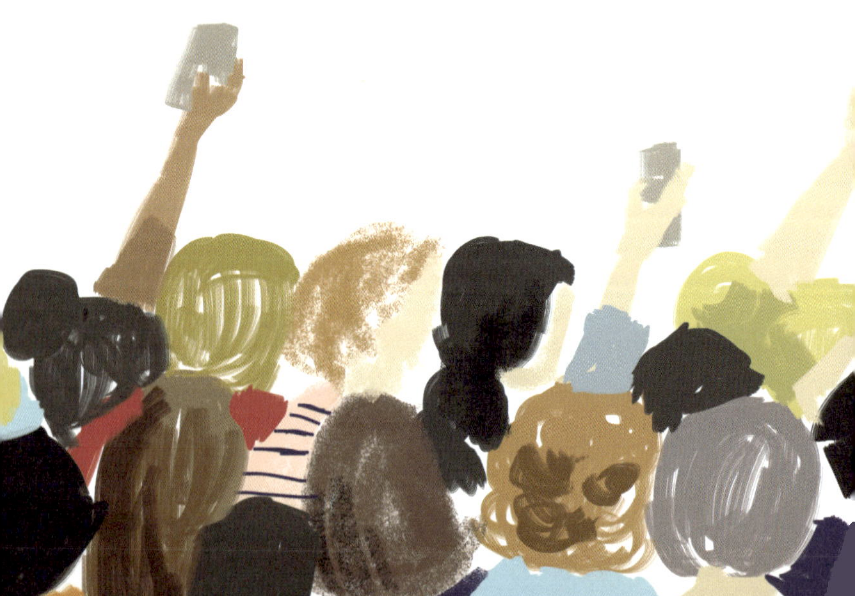

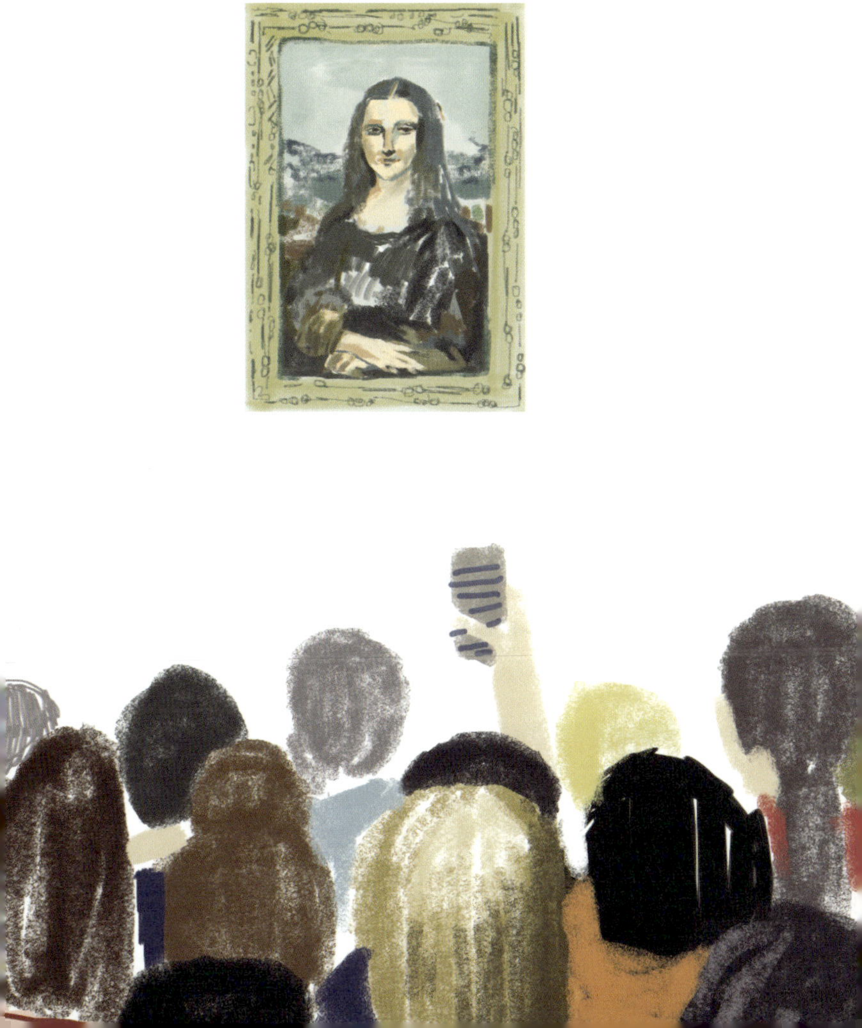

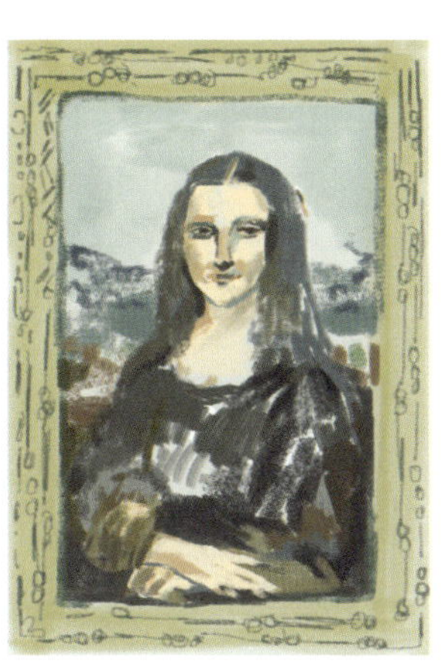

국립문서보관소

60 Rue des Francs Bourgeois Ι 75003

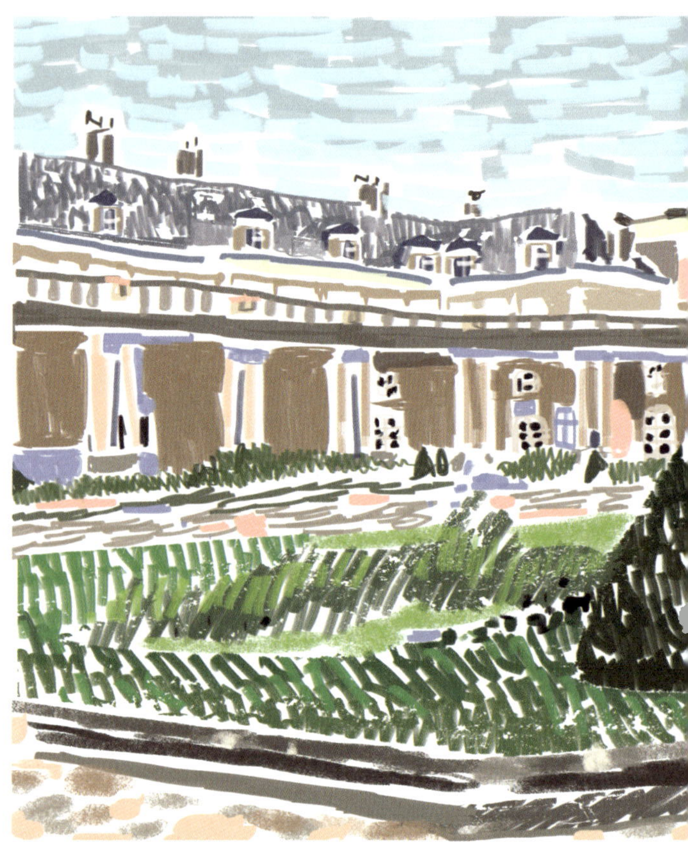

원근법은 파리 도심의 안마당들을 웅장하게 보이게도 하고 친밀
한 느낌을 자아내게도 한다. 국립문서보관소(Musée des Archives
nationales)는 잘 다듬어진 안마당을 시민들에게 개방하여, 사람들

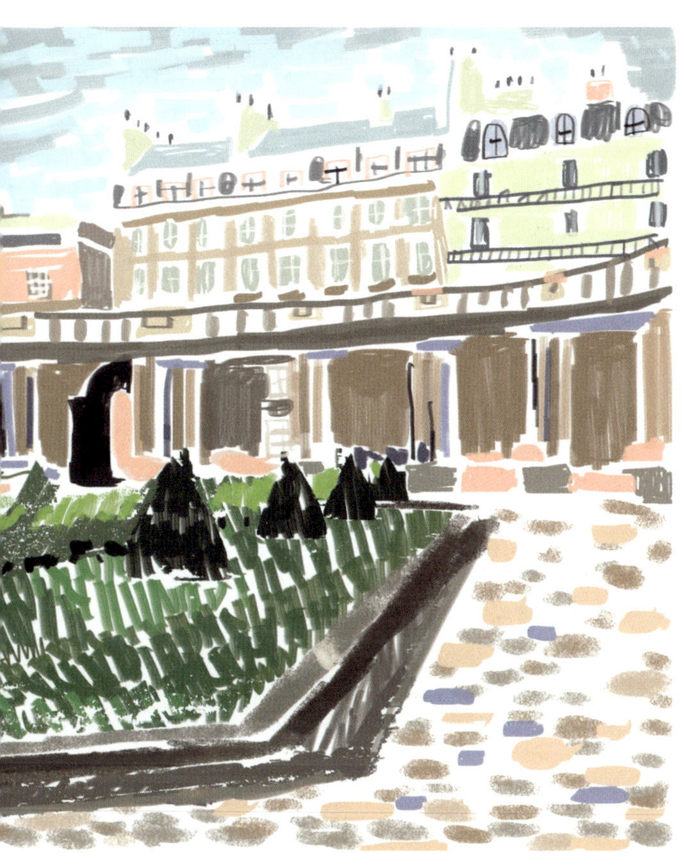

이 자유롭게 정원을 산책을 하거나 벤치에 앉아서 책을 읽을 수 있
다. 국립문서보관소 정원이 웅장하고 개방적인 반면, 뒤에 나오는
이슬람 사원의 안마당은 성소답게 아늑하면서도 매혹적이다.

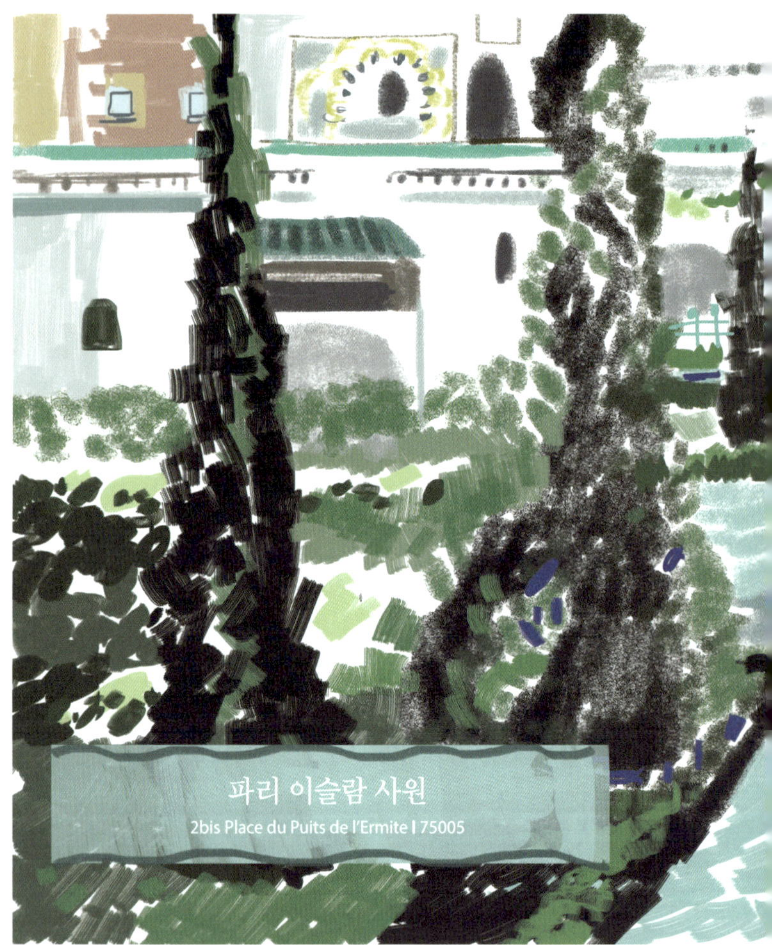

파리 이슬람 사원
2bis Place du Puits de l'Ermite I 75005

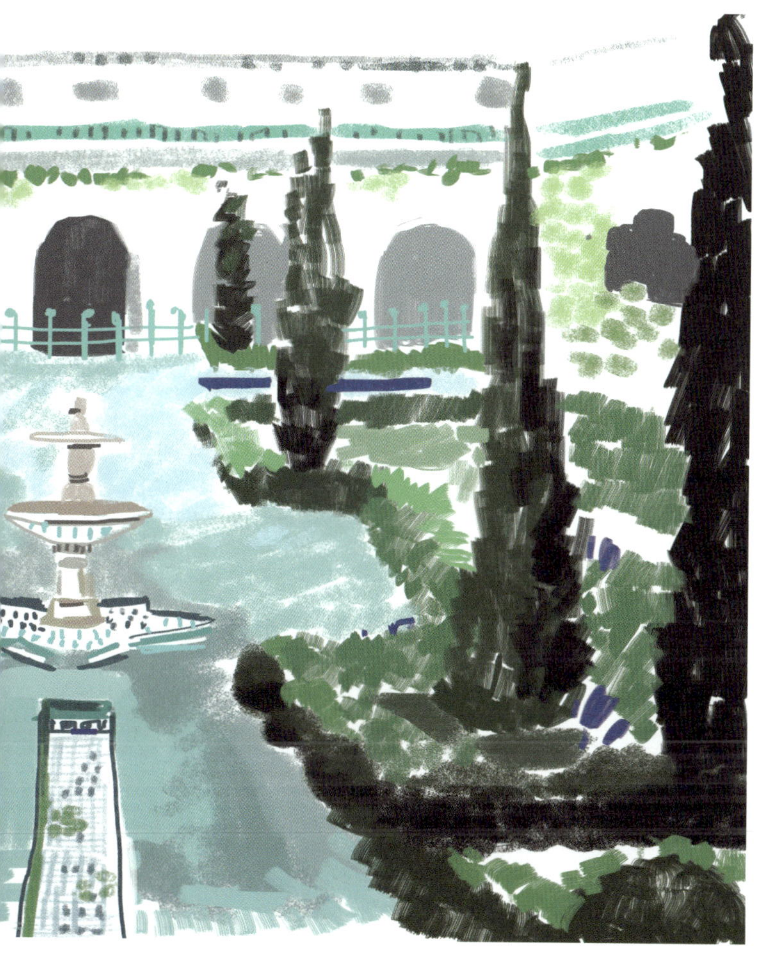

우아조 공동체 텃밭

2-4 Rue des Oiseaux | 75003

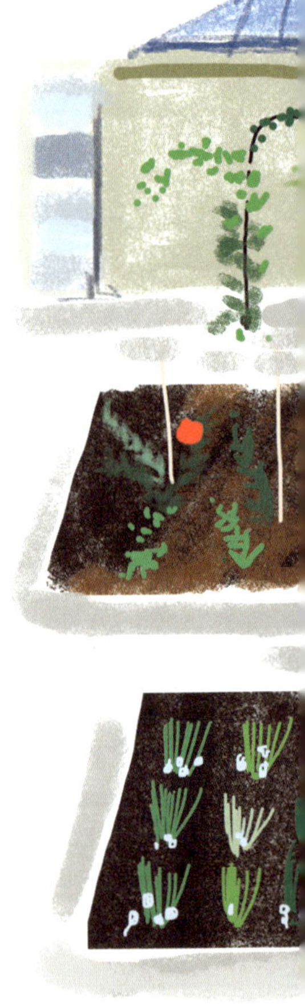

파리에는 아기자기하고 매력적인 공동체 텃밭들이 산재해 있다. 마레 지구에 있는 우아조 공동체 텃밭(Le Potager des Oiseaux)에는 장미, 채소, 과일 들이 자라는 화단 열 개가 조성되어 있다. 이 텃밭과 이웃한 주택에 사는 사람들은 이층 창을 통해 이 사랑스럽고 풍요로운 텃밭의 경치를 늘 감상할 수 있다.

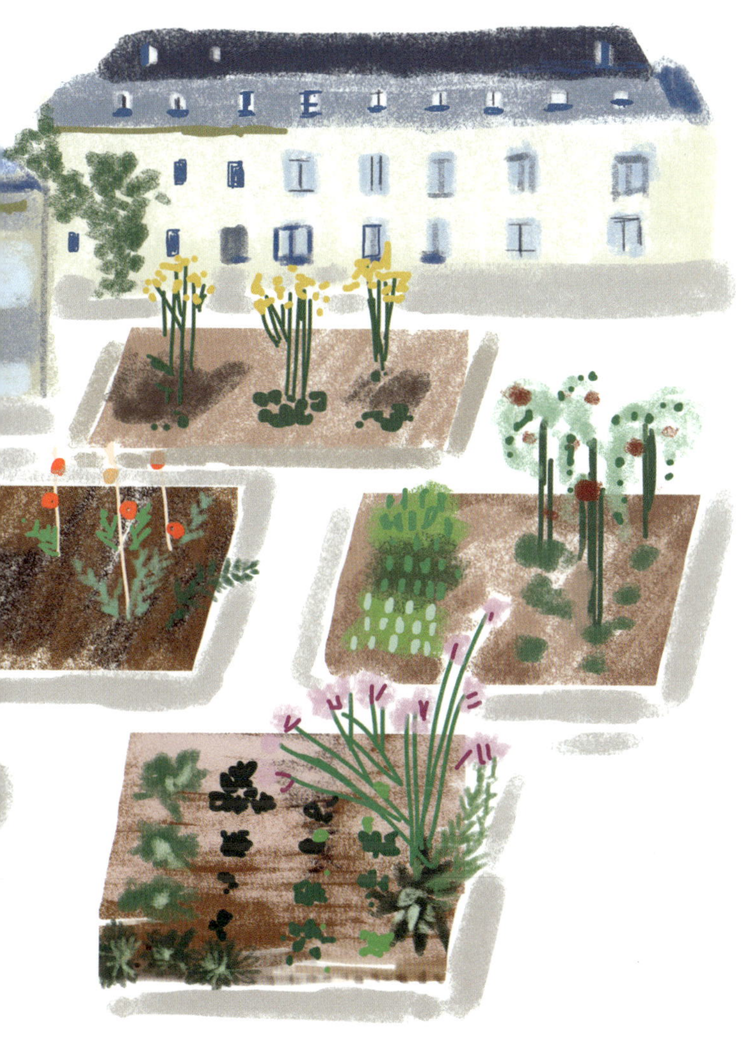

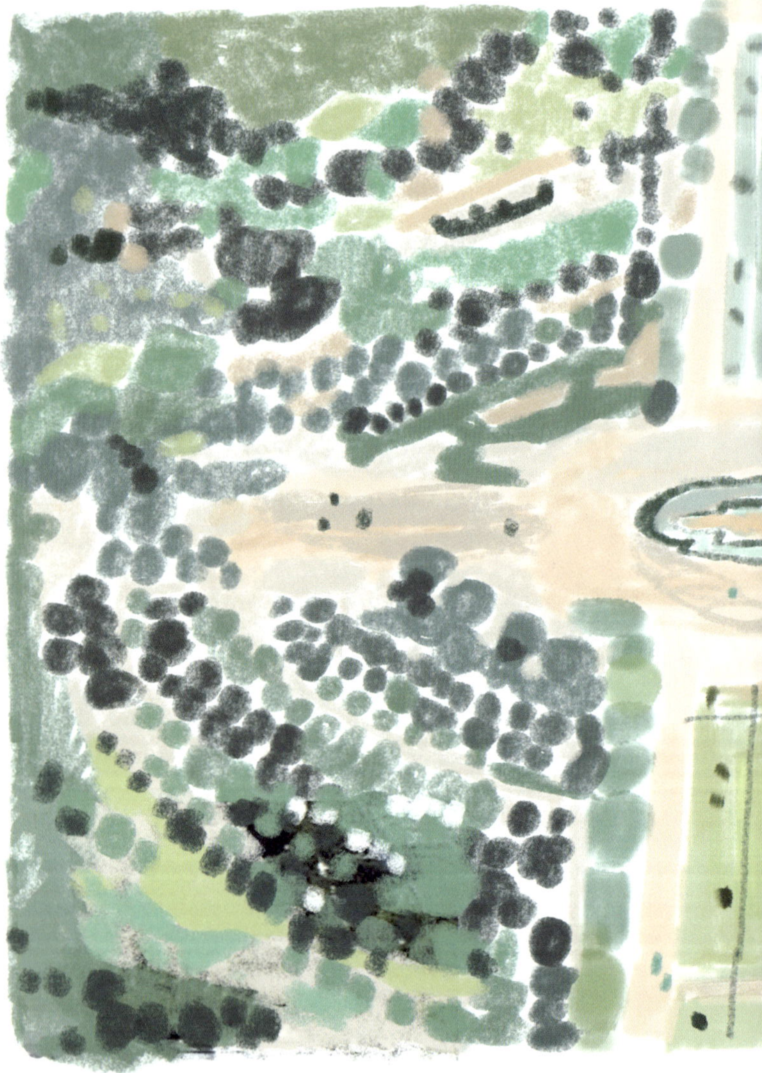

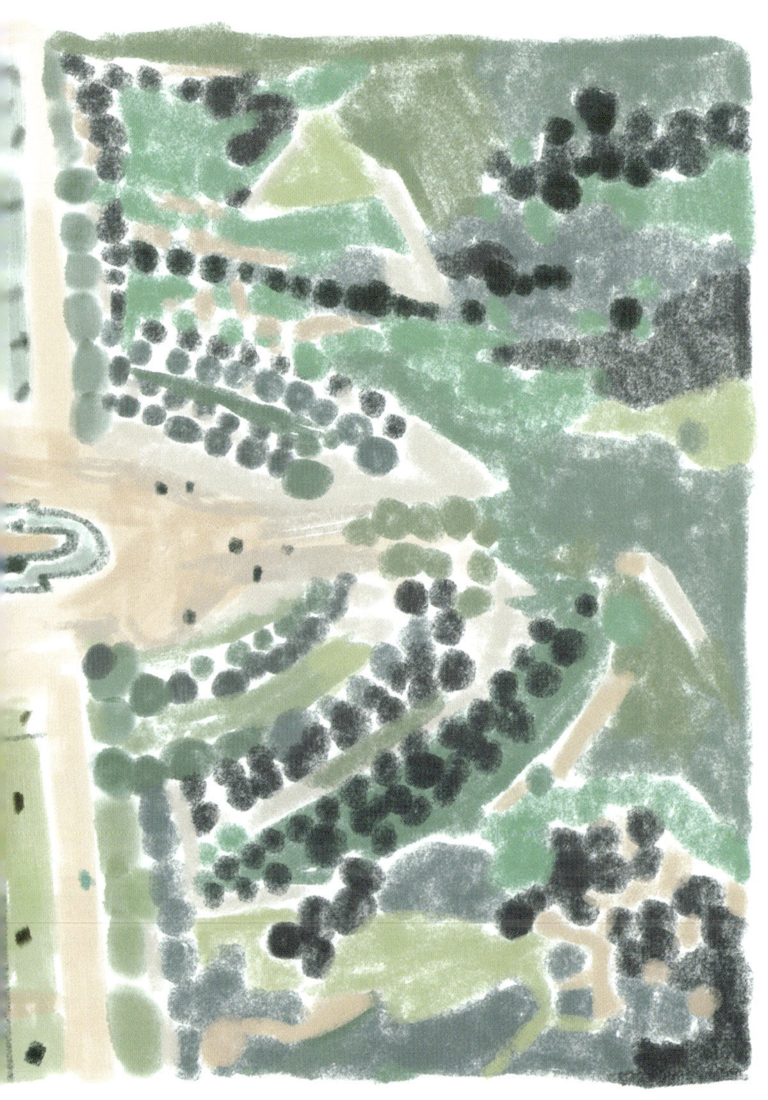

도심에 위치한 샹 드 마르스 공원(Parc du Champ de Mars)

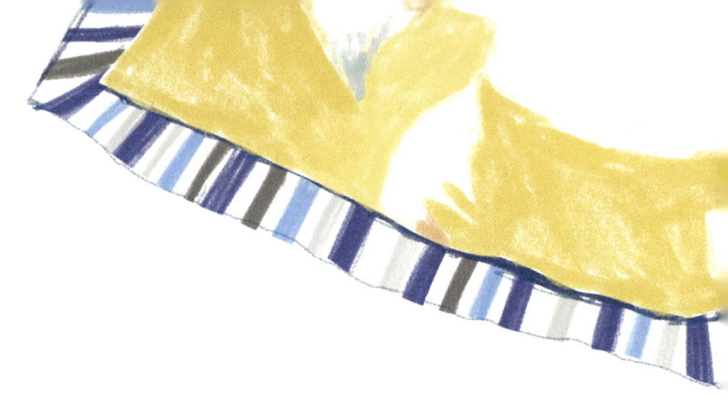

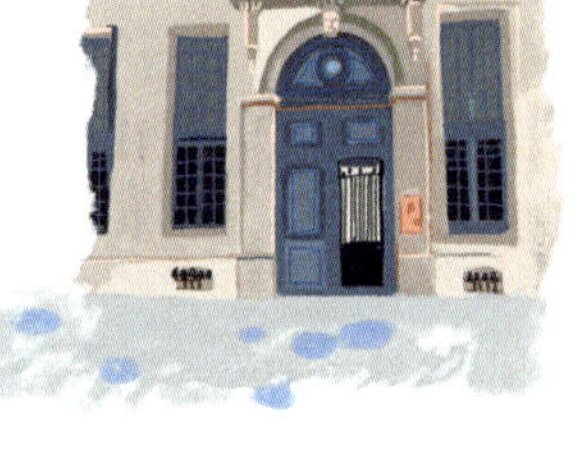

사냥과 자연 박물관

62 Rue des Archives | 75003

이 박물관에는 박제된 사냥감, 트로피, 그리고 사냥하는 장면이 그려진 그림들로 가득하다. 내가 이 박물관에 갔을 때는 덴마크 미술가 린 웃존(Lin Utzon)의 '우주의 춤(Cosmic Dance)'이라는 설치 미술이 건물 전체에 걸쳐서 전시되어 있었다. 어떤 방에는 차가운 느낌의 흑백 도자기 그릇들이 바닥에 와르르 쏟아져 있었다. 그리고

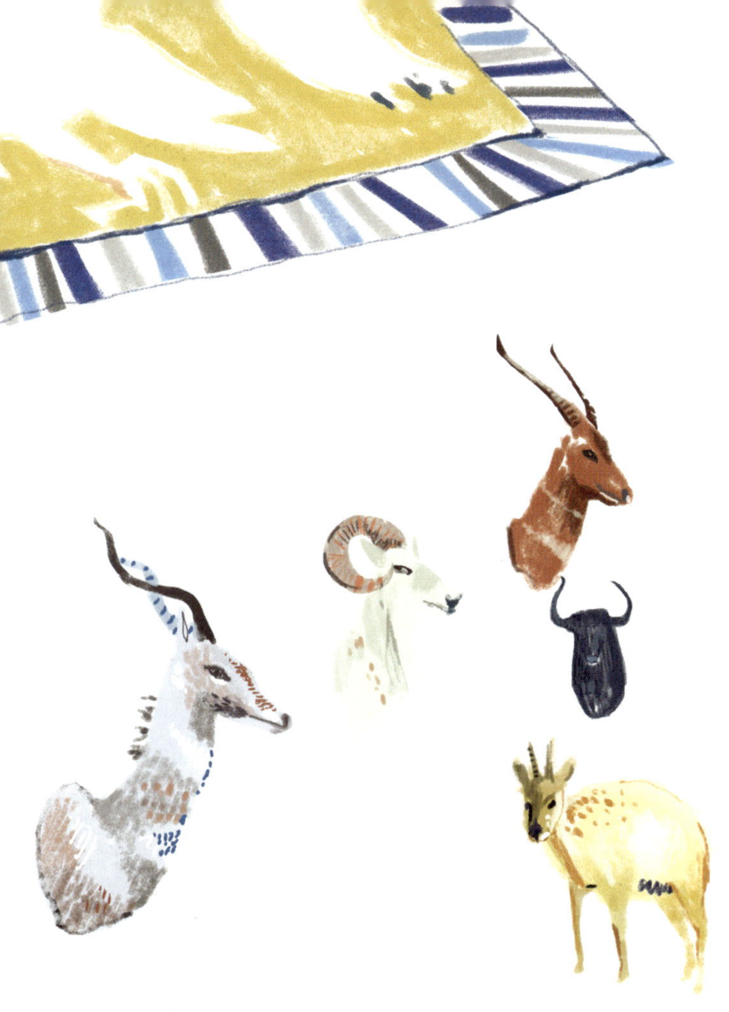

그 주위에 트로피들이 가지런히 진열된 유리 진열장들이 서 있고, 벽면에는 사냥 전리품들이 즐비하고, 그 위로 사냥을 주제로 한 그림들이 걸려 있었다. 나는 그렇게 이질적인 요소들이 강렬한 대비를 이루는 그 방에서 오랫동안 머물며 스케치 삼매경에 빠졌다.

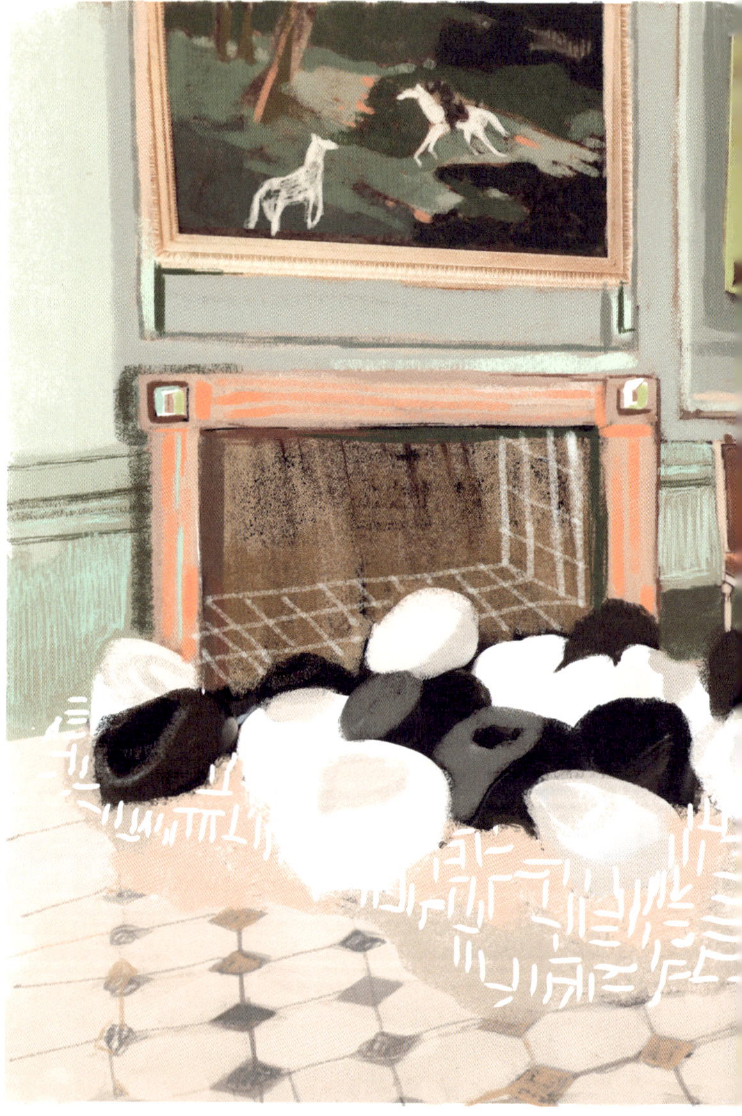

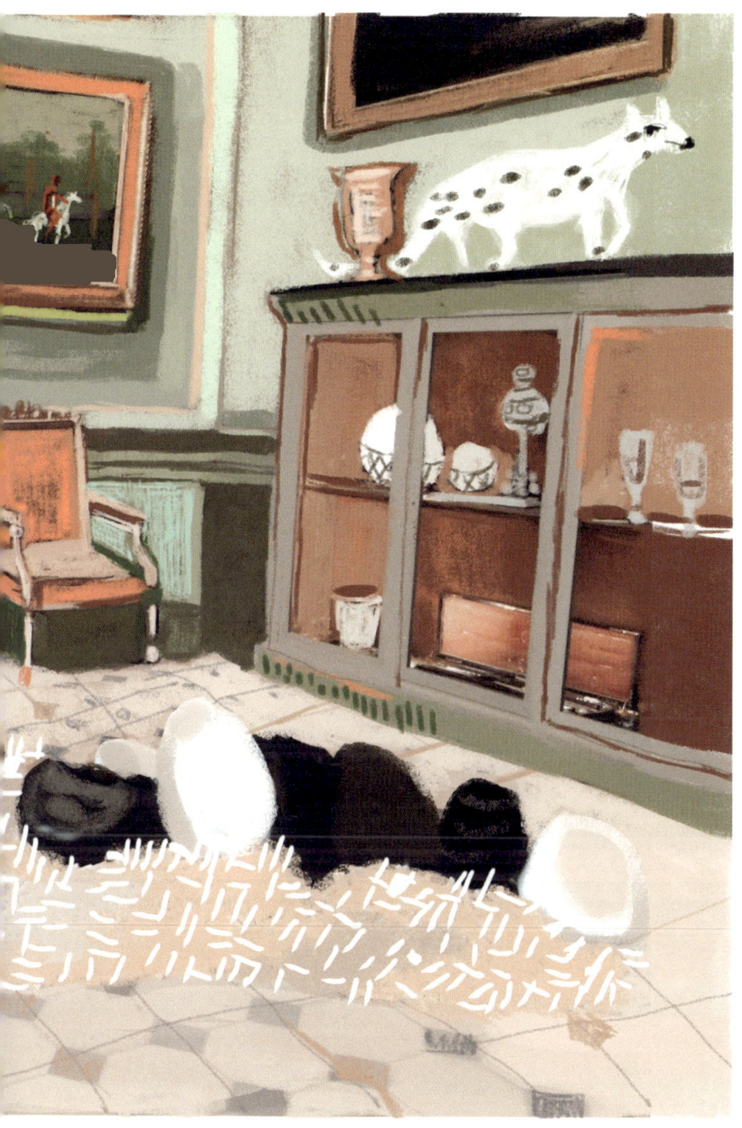

사냥과 자연 박물관(Musée de la Chasse et de la Nature)

개선문

Place Charles de Gaulle | 75008

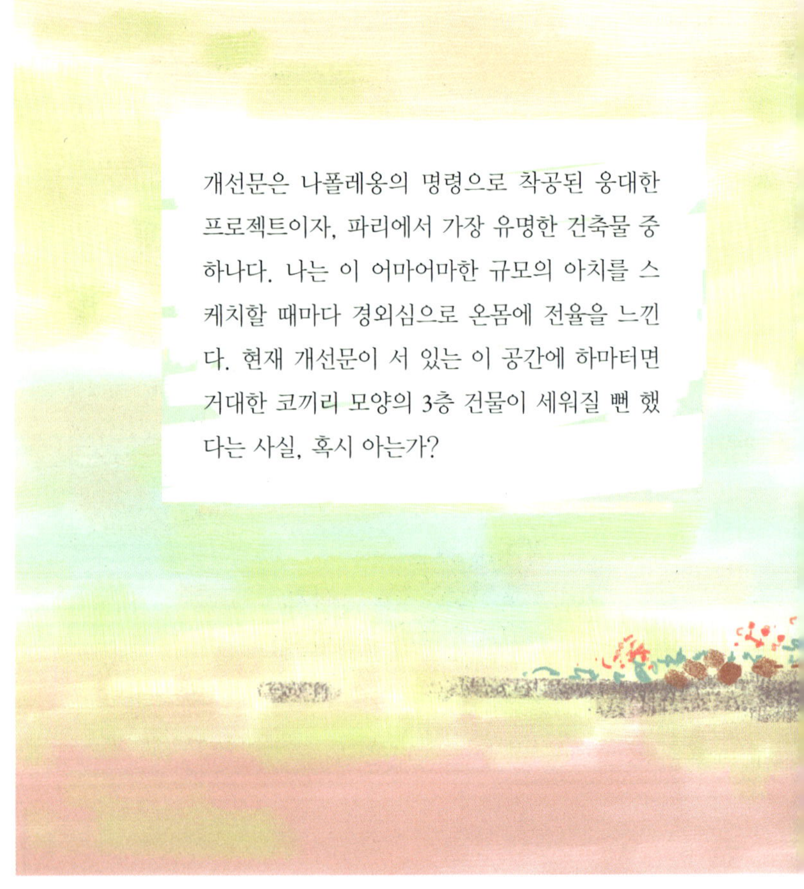

개선문은 나폴레옹의 명령으로 착공된 웅대한 프로젝트이자, 파리에서 가장 유명한 건축물 중 하나다. 나는 이 어마어마한 규모의 아치를 스케치할 때마다 경외심으로 온몸에 전율을 느낀다. 현재 개선문이 서 있는 이 공간에 하마터면 거대한 코끼리 모양의 3층 건물이 세워질 뻔 했다는 사실, 혹시 아는가?

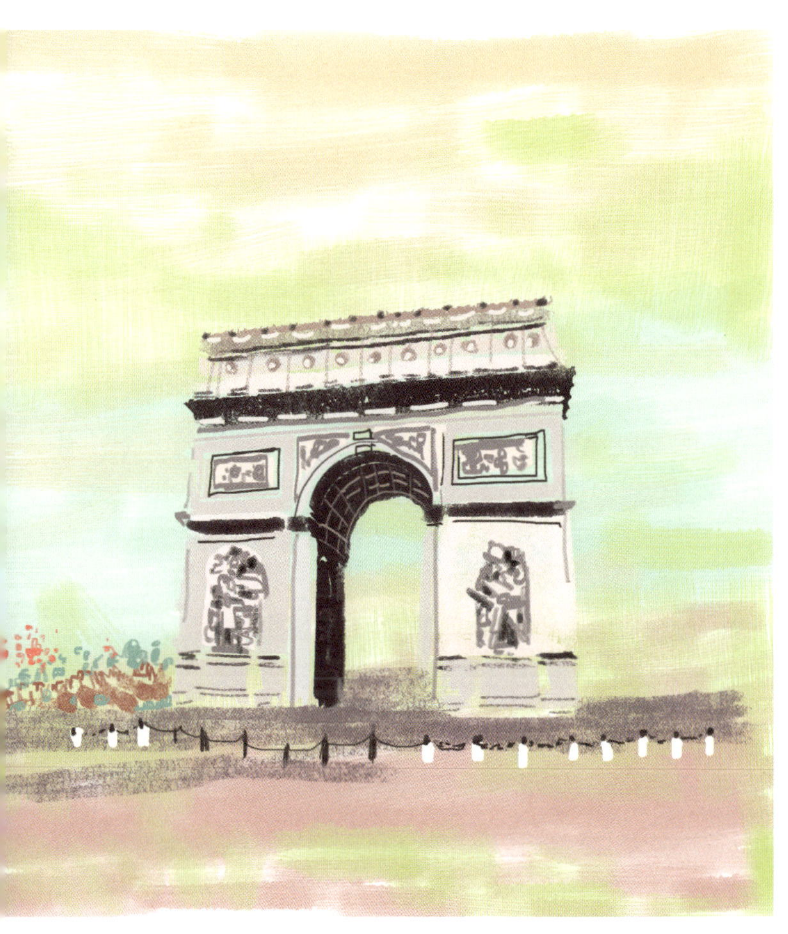

생마르탱 운하

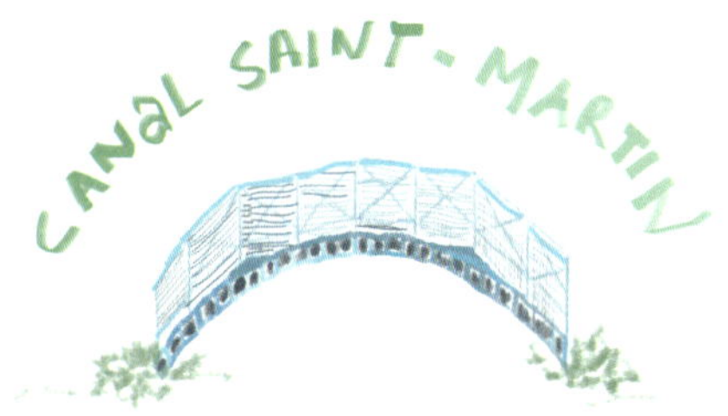

이곳은 내가 좋아하는 산책코스다. 운하를 따라, 걷고 싶은 아름다운 다리들이 곳곳에 세워져 있다. 천천히 걸으며 다리 밑에 흐르는 좁다란 수로와 강변 나무 그늘 아래에 앉아있는 한가로운 소풍객들을 구경하는 재미도 쏠쏠하다. 최근에 갔을 때는 물이 완전히 빠진 운하를 보는 행운을 누렸는데, 이는 10여 년에 한 번씩 일어나는 흔치 않는 일이다. 운하에 물이 다 빠지면 운하 바닥에 가라앉아 있던 보물들이 빛을 보게 되는데, 그중에는 반지 같은 보석류도 있지만, 자전거, 심지어 유모차가 나올 때도 있다.

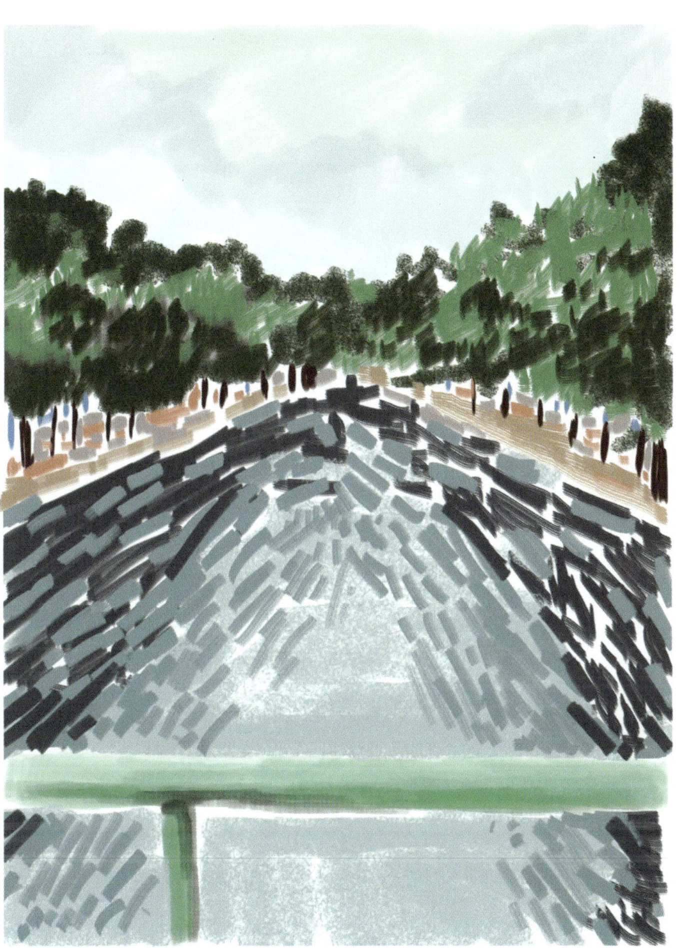

chapter 4

파리의 리듬

·

시각 예술에서 말하는 리듬은 여러 회화적 표현 요소들을 사용해서 획득되는 운동감을 말한다. 화가나 디자이너들은 획, 선, 색, 반복, 원근법 등과 같은 회화적 요소들을 통해 시각적 흐름이나 리듬감을 표현해내는 것이다. 또한 리듬은 한 시대나 예술 운동을 대표하는 문화적 기표로 인식되기도 한다.

rhythm

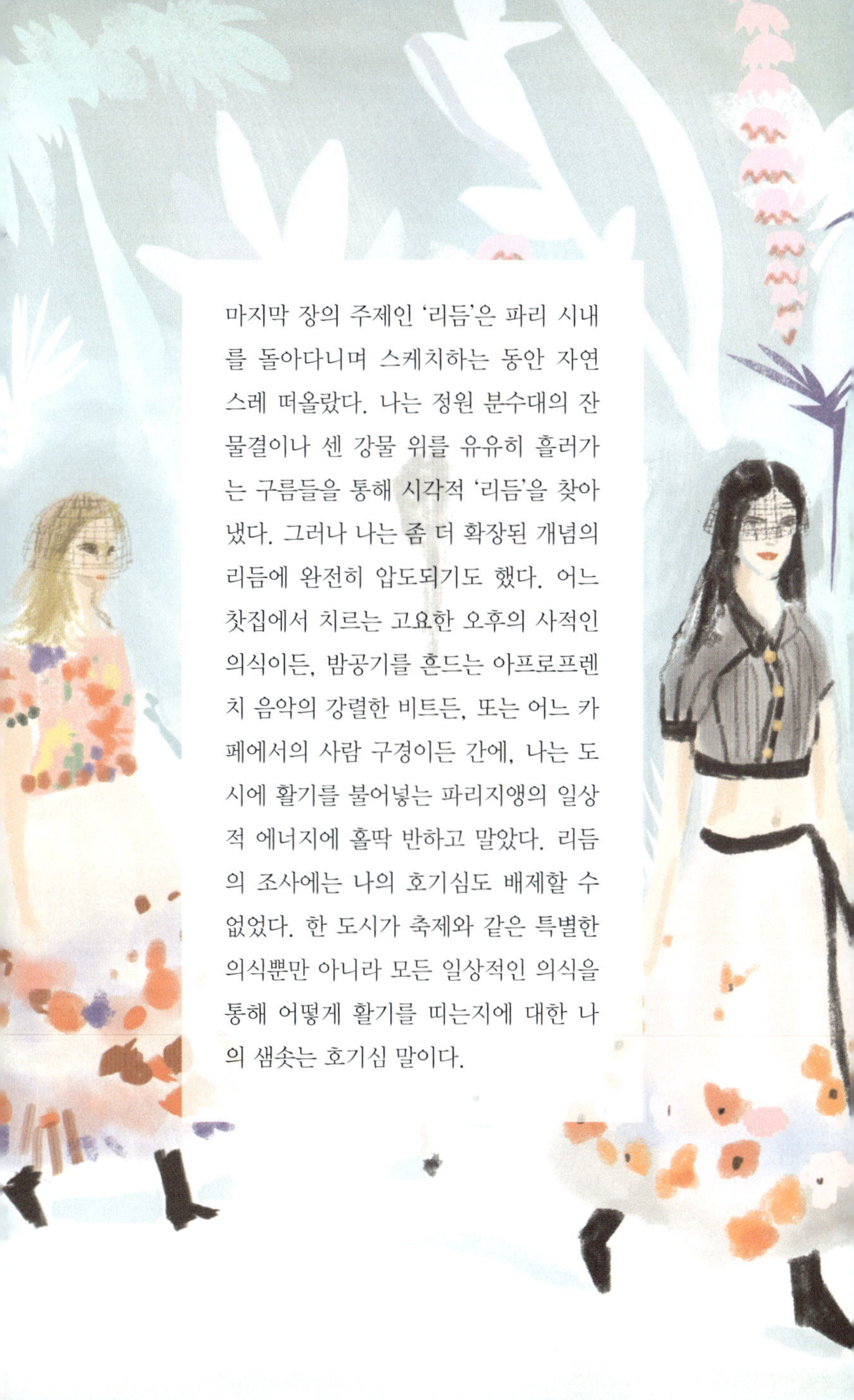

마지막 장의 주제인 '리듬'은 파리 시내를 돌아다니며 스케치하는 동안 자연스레 떠올랐다. 나는 정원 분수대의 잔물결이나 센 강물 위를 유유히 흘러가는 구름들을 통해 시각적 '리듬'을 찾아냈다. 그러나 나는 좀 더 확장된 개념의 리듬에 완전히 압도되기도 했다. 어느 찻집에서 치르는 고요한 오후의 사적인 의식이든, 밤공기를 흔드는 아프로프렌치 음악의 강렬한 비트든, 또는 어느 카페에서의 사람 구경이든 간에, 나는 도시에 활기를 불어넣는 파리지앵의 일상적 에너지에 홀딱 반하고 말았다. 리듬의 조사에는 나의 호기심도 배제할 수 없었다. 한 도시가 축제와 같은 특별한 의식뿐만 아니라 모든 일상적인 의식을 통해 어떻게 활기를 띠는지에 대한 나의 샘솟는 호기심 말이다.

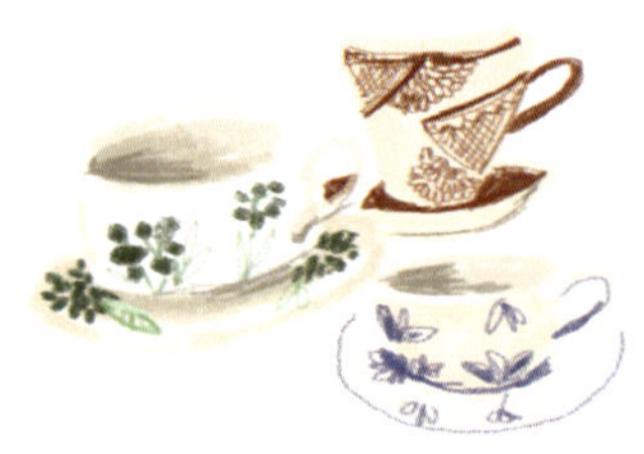

릴리오브더밸리
12 Rue Dupetit-Thouars ǀ 75003

하루의 중간쯤, 나는 하나의 의식처럼 오후의 티타임을 가지기 위해 이곳에 들르곤 했다. 이러한 일상의 쉼표 없이는 파리에서의 나의 하루는 완료된 것이 아니었다. 나는 어둑하고도 호화로운 실내 환경과 아늑한 꽃무늬를 배경으로 조용히 술렁이는 손님들을 관찰하면서 이 아름다운 찻집을 스케치하곤 했다. 맨 처음 릴리오브더밸리(Lily of the Valley)를 방문했을 때는 솔직히 실망스러웠다. 그때는 특히 쌀쌀한 오후어서, 여성스러운 아지트를 찾아 모여든 손님들로 인산인해를 이루고 있었던 것. 나는 천장 전체를 뒤덮고 있는 식물과 꽃들의 캐노피 아래에서 꽃향기를 음미하면서, 친구들과 기다란 벤치에 웅크리고 앉아 책을 읽거나 수다 삼매경에 빠진 젊은 여성들을 부러운 눈길로 쳐다보며 조용히 내 차례를 기다렸다.

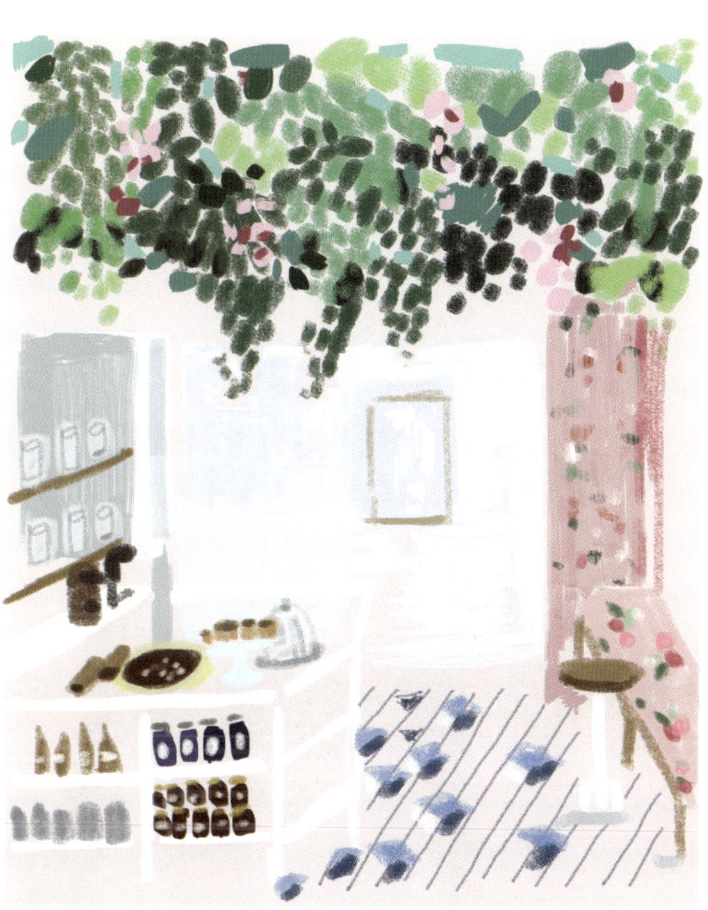

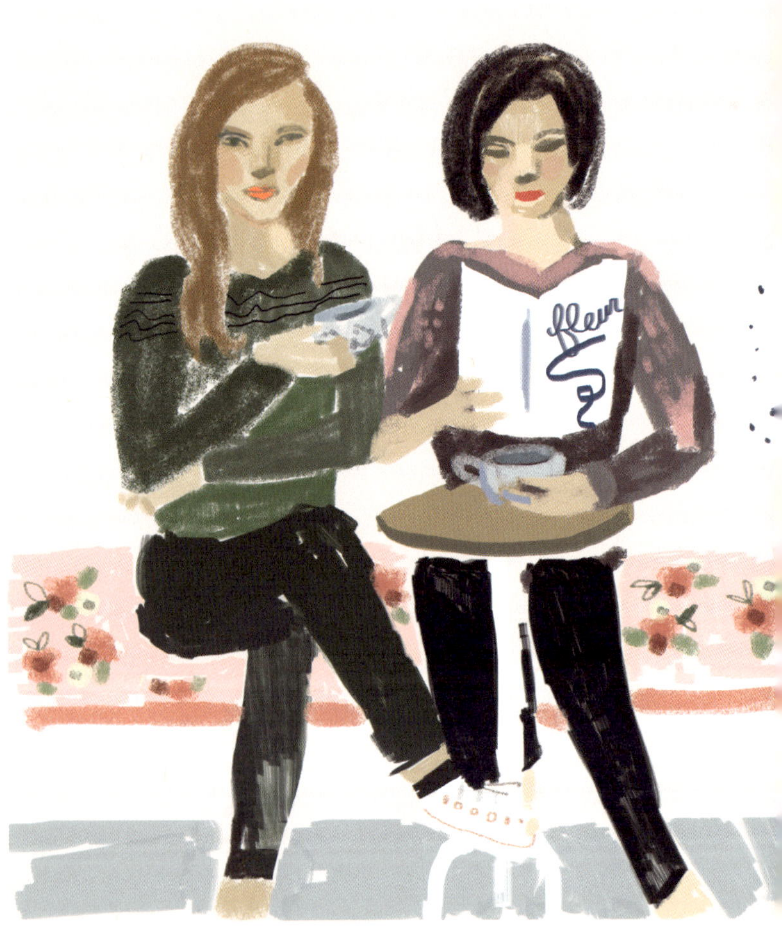
fleur

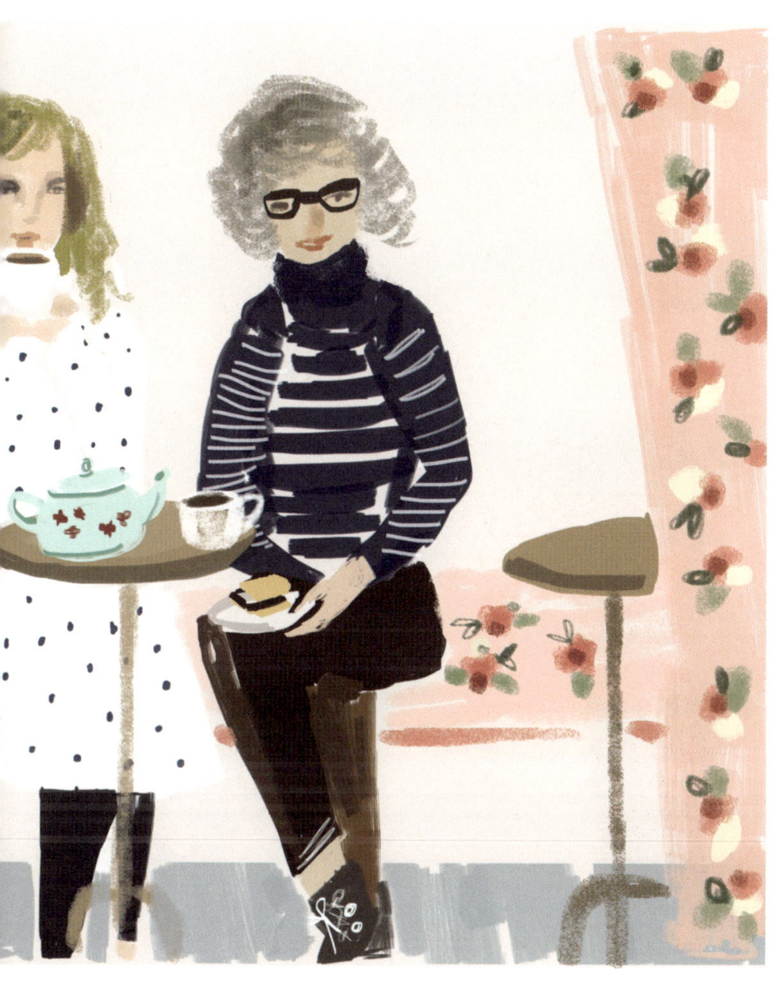

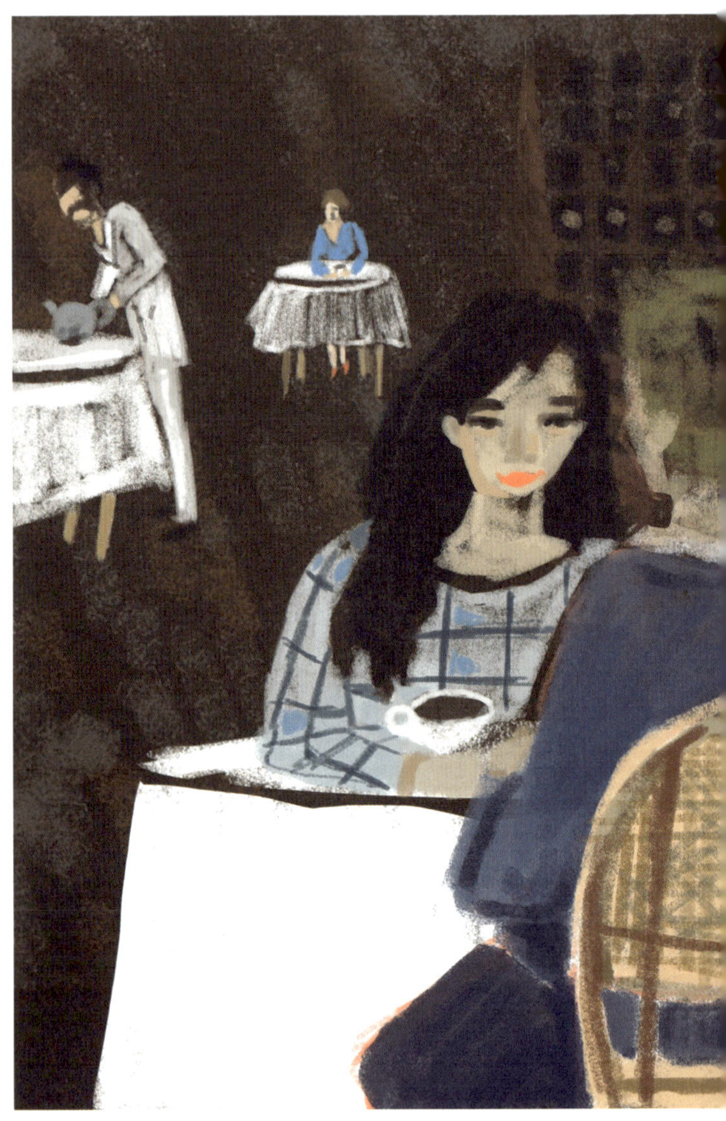

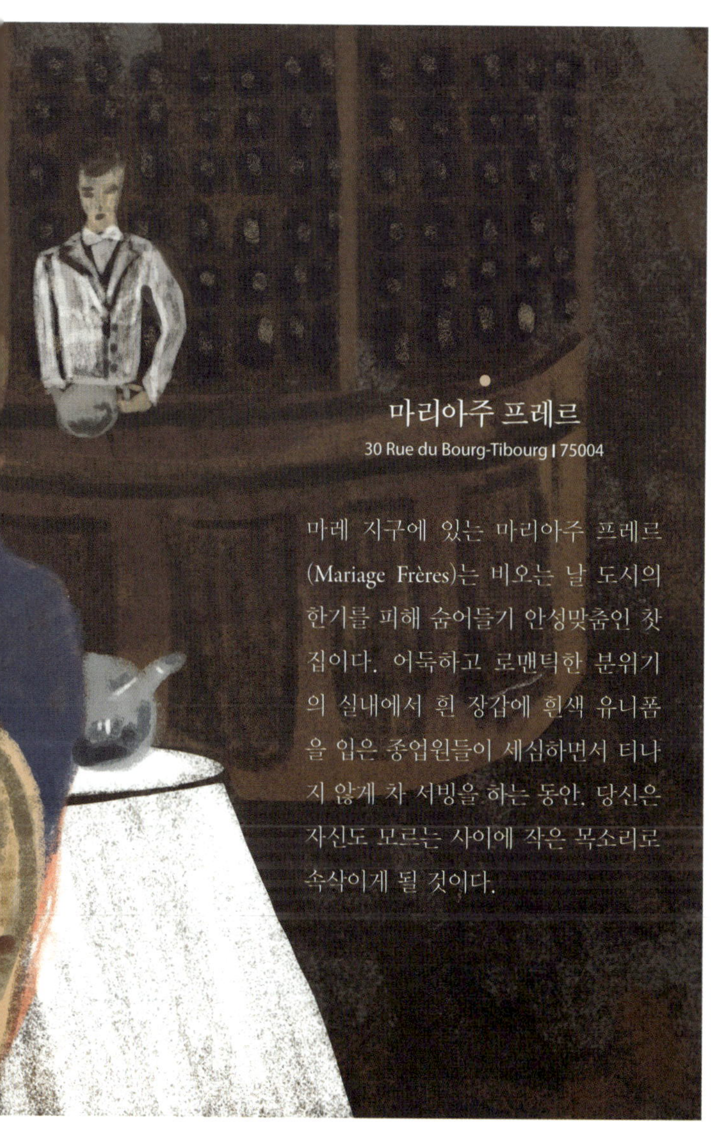

마리아주 프레르

30 Rue du Bourg-Tibourg | 75004

마레 지구에 있는 마리아주 프레르
(Mariage Frères)는 비오는 날 도시의
한기를 피해 숨어들기 안성맞춤인 찻
집이다. 어둑하고 로맨틱한 분위기
의 실내에서 흰 장갑에 흰색 유니폼
을 입은 종업원들이 세심하면서 티나
지 않게 차 서빙을 하는 동안, 당신은
자신도 모르는 사이에 작은 목소리로
속삭이게 될 것이다.

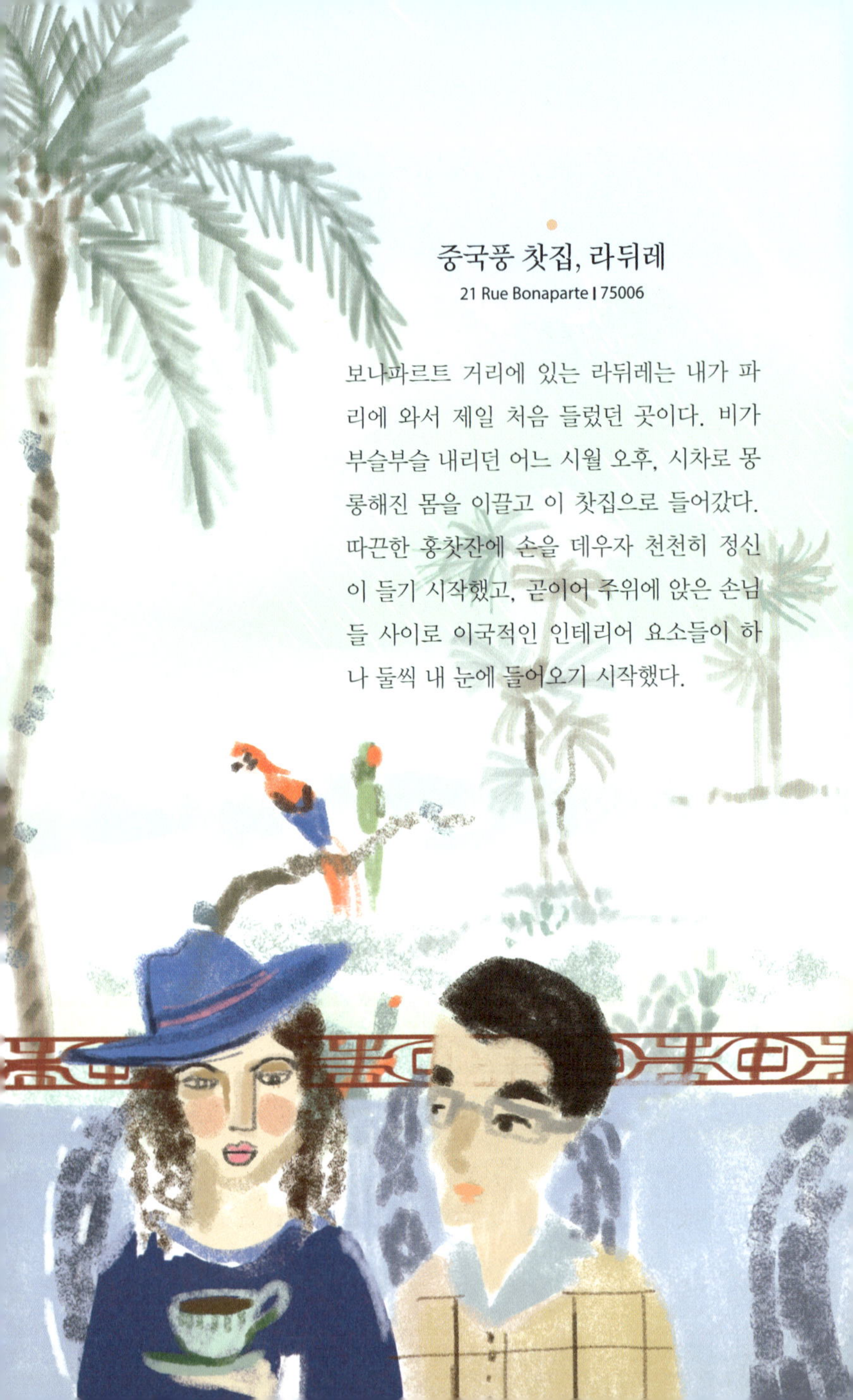

중국풍 찻집, 라뒤레
21 Rue Bonaparte | 75006

보나파르트 거리에 있는 라뒤레는 내가 파리에 와서 제일 처음 들렀던 곳이다. 비가 부슬부슬 내리던 어느 시월 오후, 시차로 몽롱해진 몸을 이끌고 이 찻집으로 들어갔다. 따끈한 홍찻잔에 손을 데우자 천천히 정신이 들기 시작했고, 곧이어 주위에 앉은 손님들 사이로 이국적인 인테리어 요소들이 하나 둘씩 내 눈에 들어오기 시작했다.

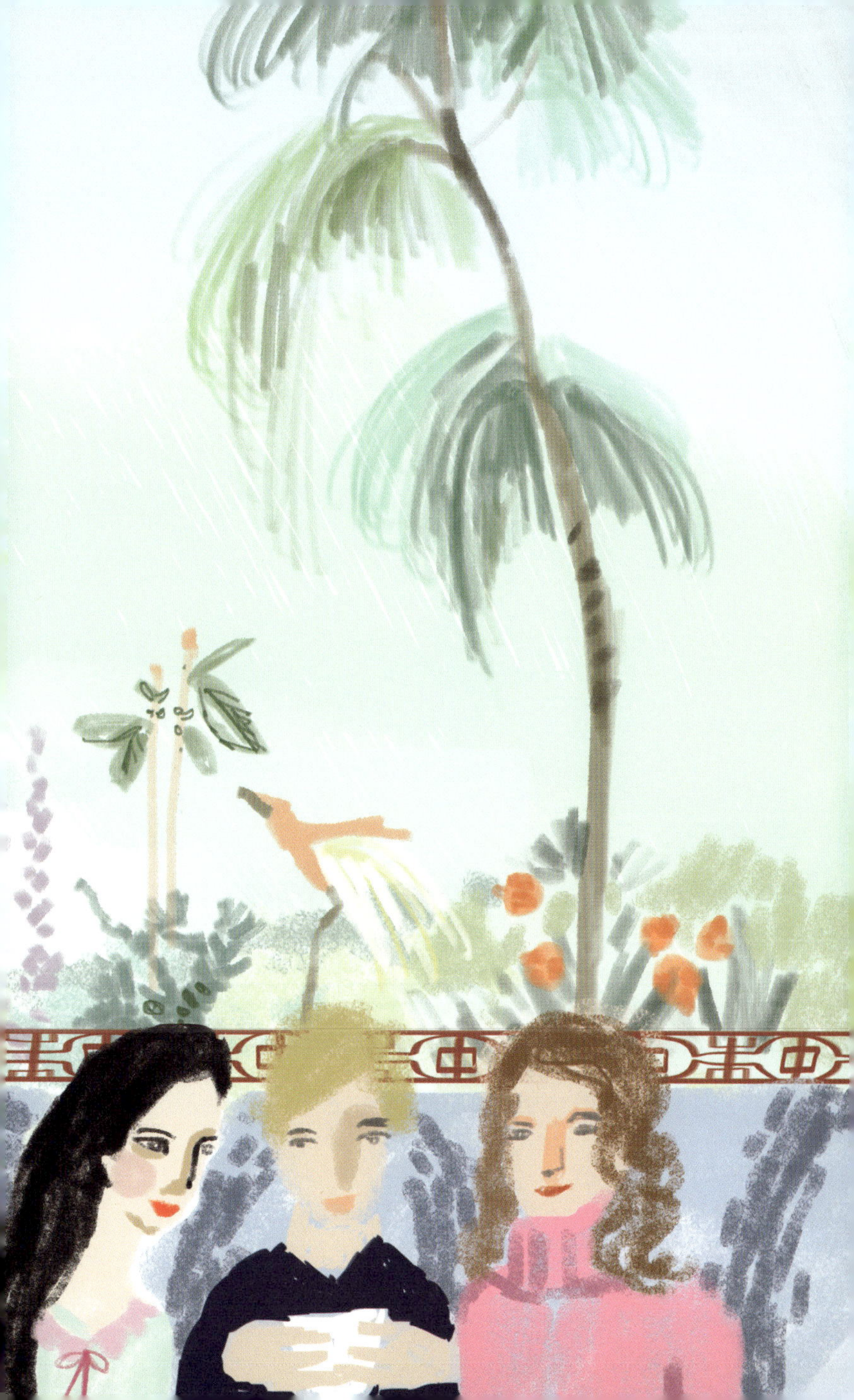

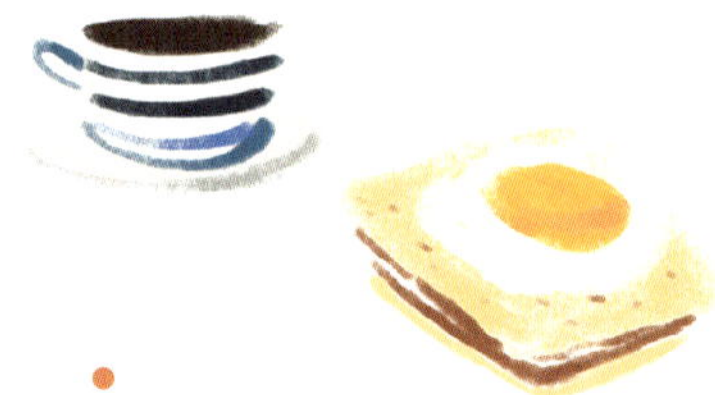

카페 보나파르트

42 Rue Bonaparte | 75006

카페 보나파르트는 파리의 일상의 리듬을 들여다보기에 안성맞춤인 곳이다. 다시 말해서 '사람 구경' 하기 딱 좋은 곳이란 얘기. 물론 갠 날이든 궂은 날이든 줄무늬 차양 아래 등나무로 짠 의자에 기대앉아서 커피나 와인 한 잔을 홀짝이며 페이스북 삼매경에 빠지기에도 더없이 좋은 장소다.

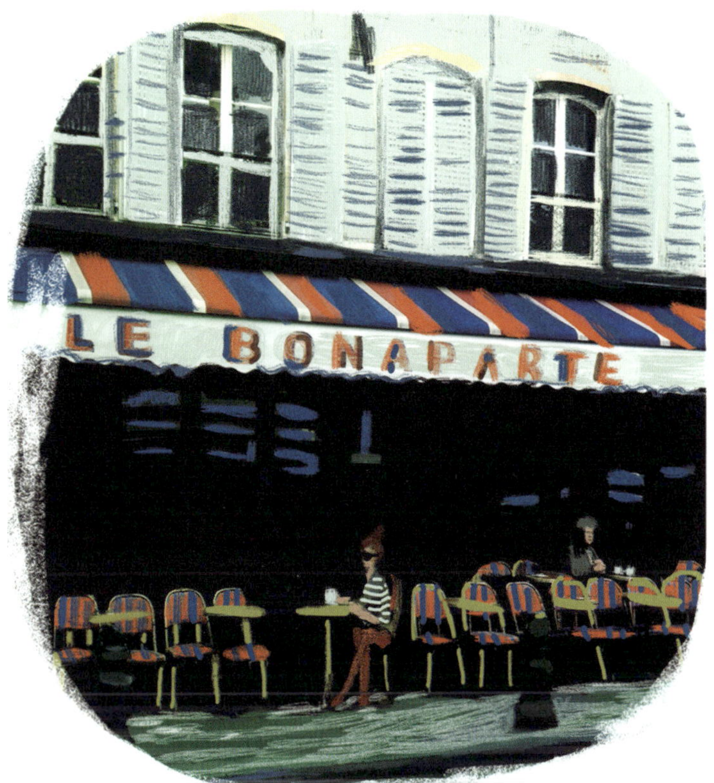
LE BONAPARTE

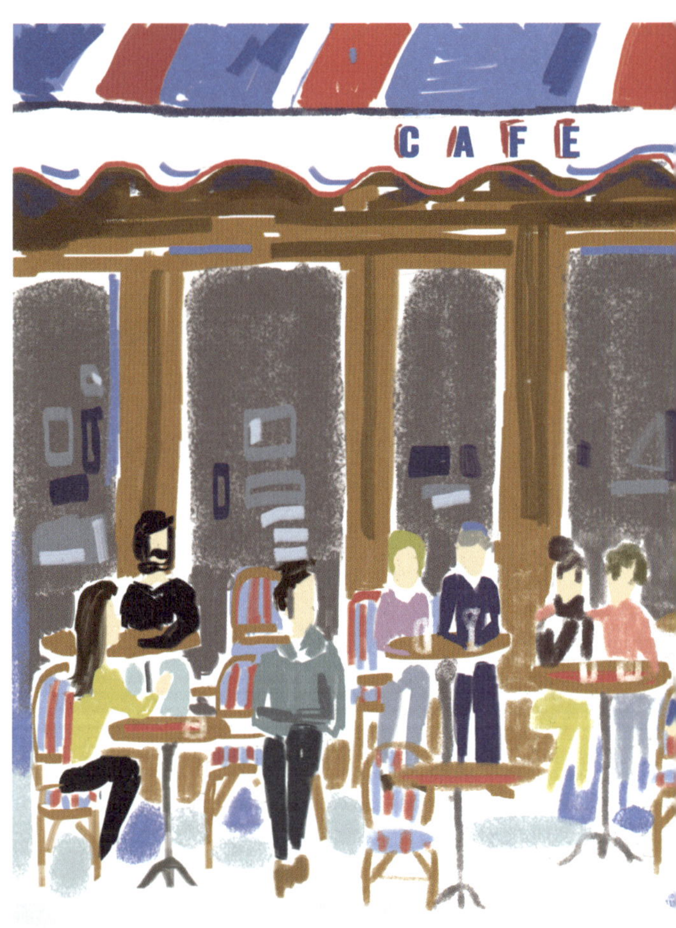
CAFE

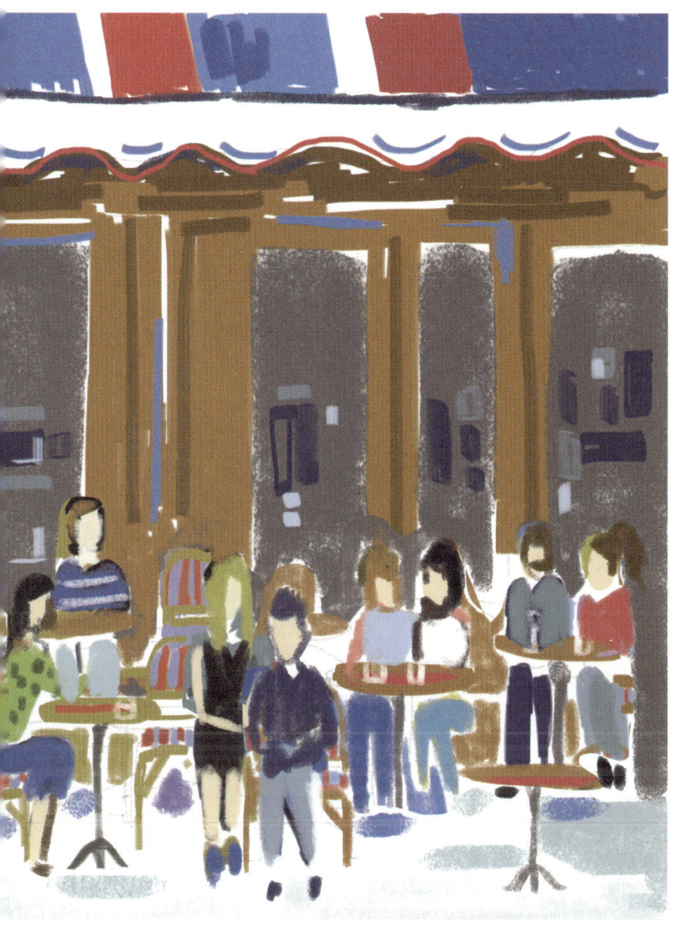

샤넬 오트쿠튀르 쇼

Grand Palais | 75008

파리 패션쇼장에는 스타일리시한 리듬이 살아있다. 샤넬 2015 봄 패션쇼 영상은 무척이나 인상적이었다. 런웨이 중앙에 설치된 종이로 만든 환상적인 정글이 그 무대의 특징을 이루고 있었다. 무채색의 꽃들이 봉오리를 벌리기 시작하자, 무대에는 열대 새의 깃털 같은 강렬하고 톡톡 튀는 색채들이 주제하는 봄의 향연이 펼쳐졌다. 곧이어 모델들이 한 명씩 무대를 행진하기 시작했는데, 그 광경은 마치 칼 라거펠트가 그 강렬한 색채에서 실을 뽑아내어 천상의 보디스와 스커트를 뚝딱 만들어내는 것만 같았다.

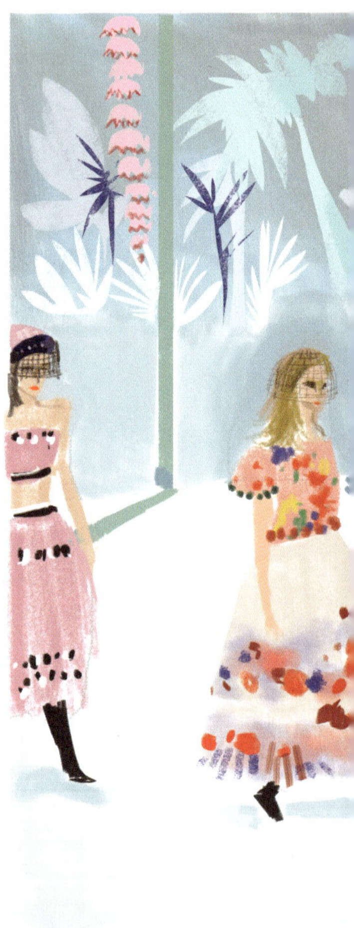

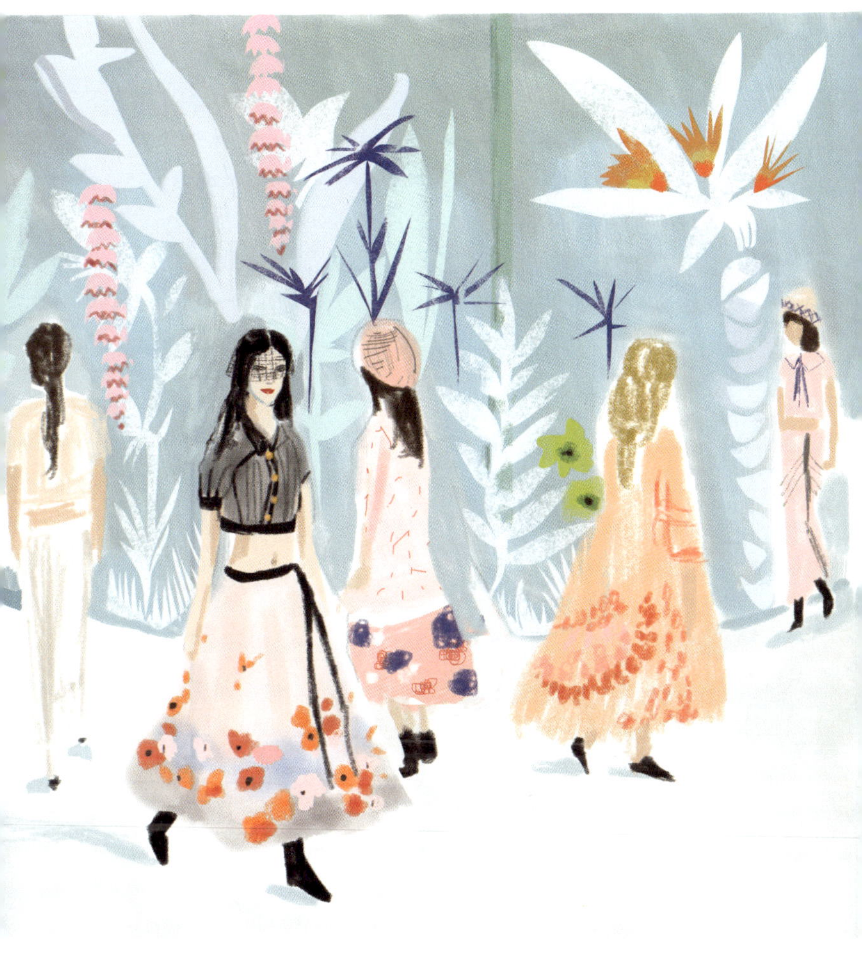

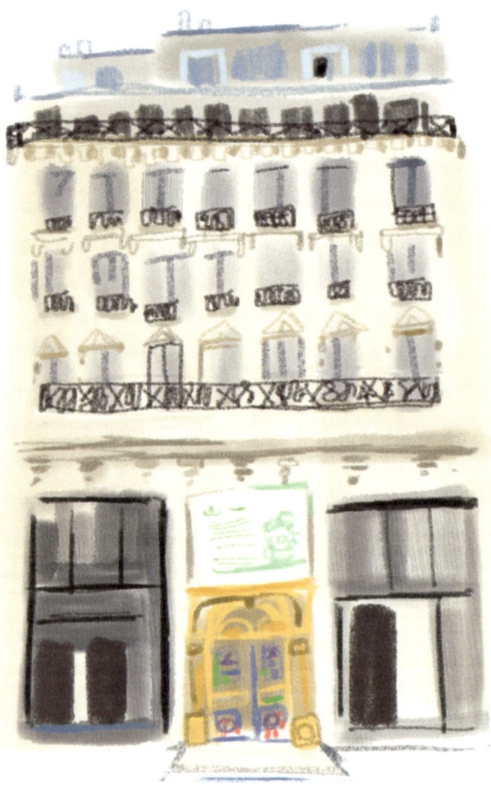

59 리볼리

59 Rue de Rivoli I 75001

서른여 명의 예술가들의 공동 아틀리에인 '59 리볼리'는 파리 예술가들의 리듬과 에너지의 내밀한 속살을 엿볼 수 있는 곳이다. 내가 방문했을 때는 건물 파사드가 하늘색 고리들로 장식되어 있었다. 문에 그려진 소용돌이무늬가 그 안에서 어떤 일이 벌어지고 있을지를 짐작할 수 있는 힌트가 되었다. 나는 몽환적 느낌으로 대충 그려진 거대한 뱀의 몸통과 꼬리를 따라 계단을 걸어 올라갔다. 6층까지 이어진 그 계단은 온통 낙서 그림과 뚝뚝 떨어진 페인트 자국들로 뒤덮여 있었다. 각 층마다 예술가들이 작업 중인 자신들의 작품들을 전시해놓고 있었다. 작업실 앞에 도착하기도 전에 붓 터치를 할 때마다 이젤이 뒤로 밀릴 때 나는 소리를 들을 수 있었다. 예술가들은 상냥하게 "봉주르" 하고 내게 인사를 건네고는 곧바로 자신들의 머릿속에 펼쳐진 환상의 풍경 속으로 돌아갔다. 나는 끝없이 이어진 칸막이 방들을 누비듯 천천히 나아갔다. 방방마다 고무 인형들로 만든 설치물, 재활용 쓰레기, 노끈, 캔버스, 그리고 판화들로 가득했다. 그 공간에 넘실거리던 매우 강렬한 창조적 에너지는 그곳을 점거한 예술가들의 예술을 향한 열정에 다름 아닐 것이다.

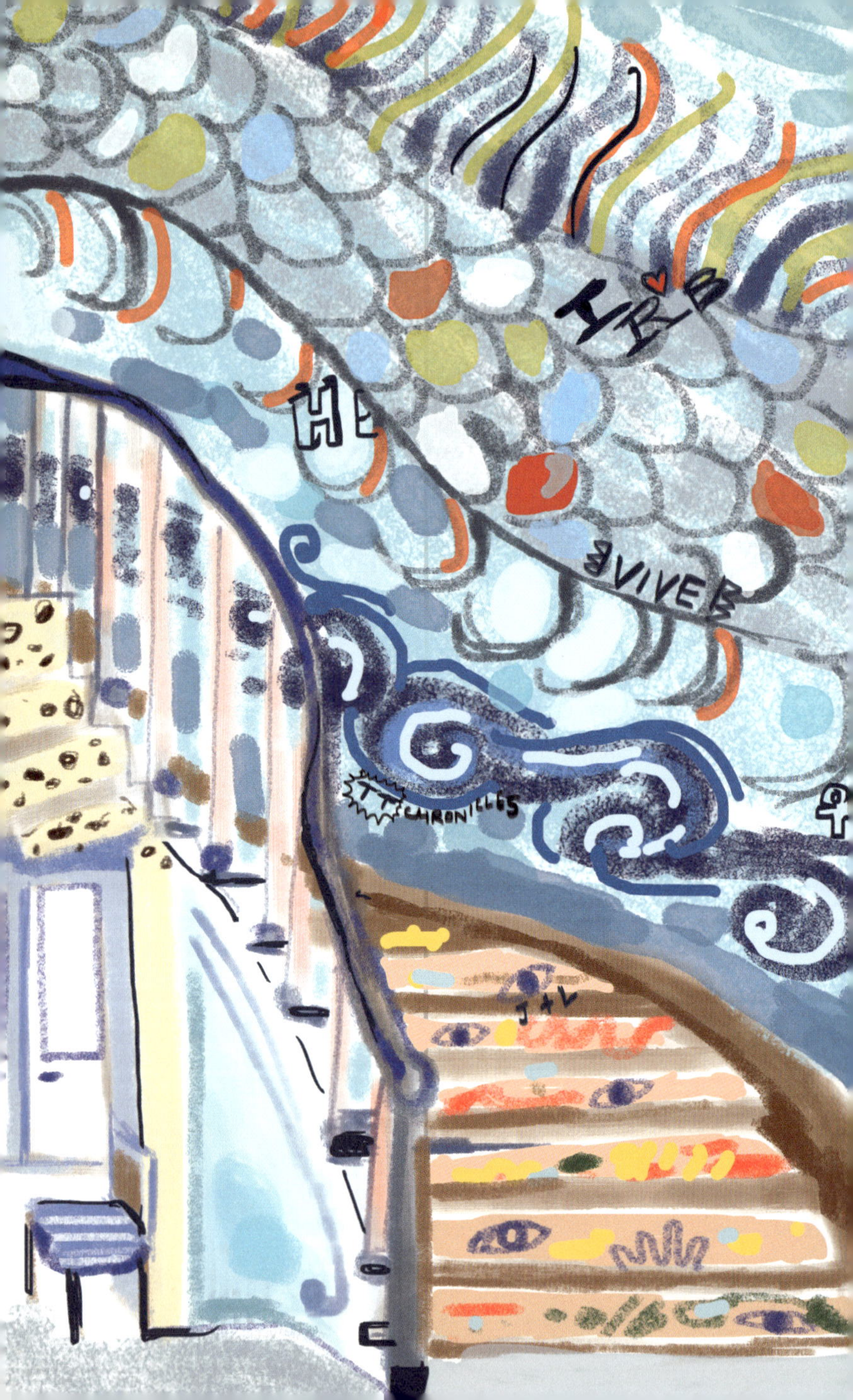

H♥B
H E
3VIVE B
THE CHRONICLES
J + L

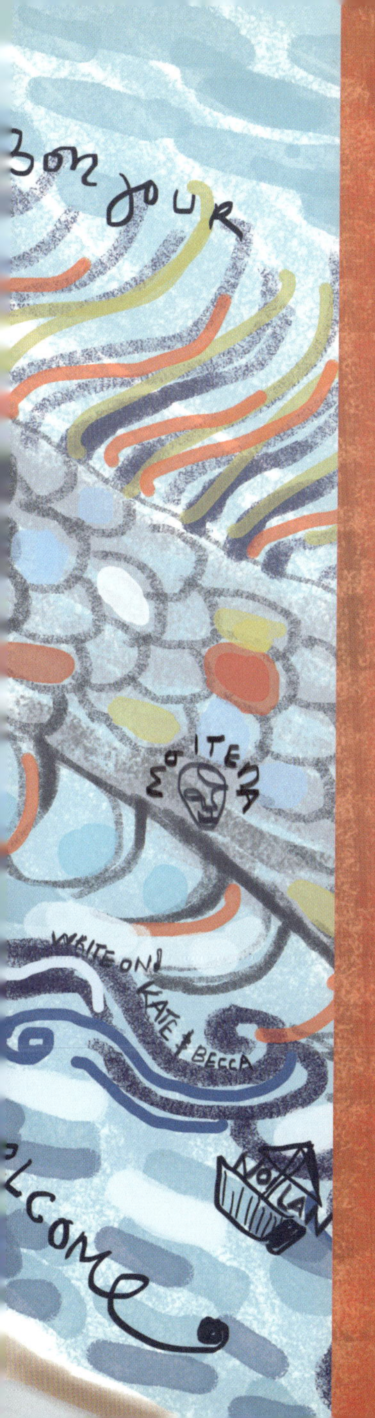

괴물 뱀의 꼬리를 따라 6층까지 이어진 계단들을 올라갔다. 벽면에는 뱀의 비늘과 세부묘사, 모노그램, 그리고 겹겹이 그려진 무늬들로 빼곡히 채워져 있었다.

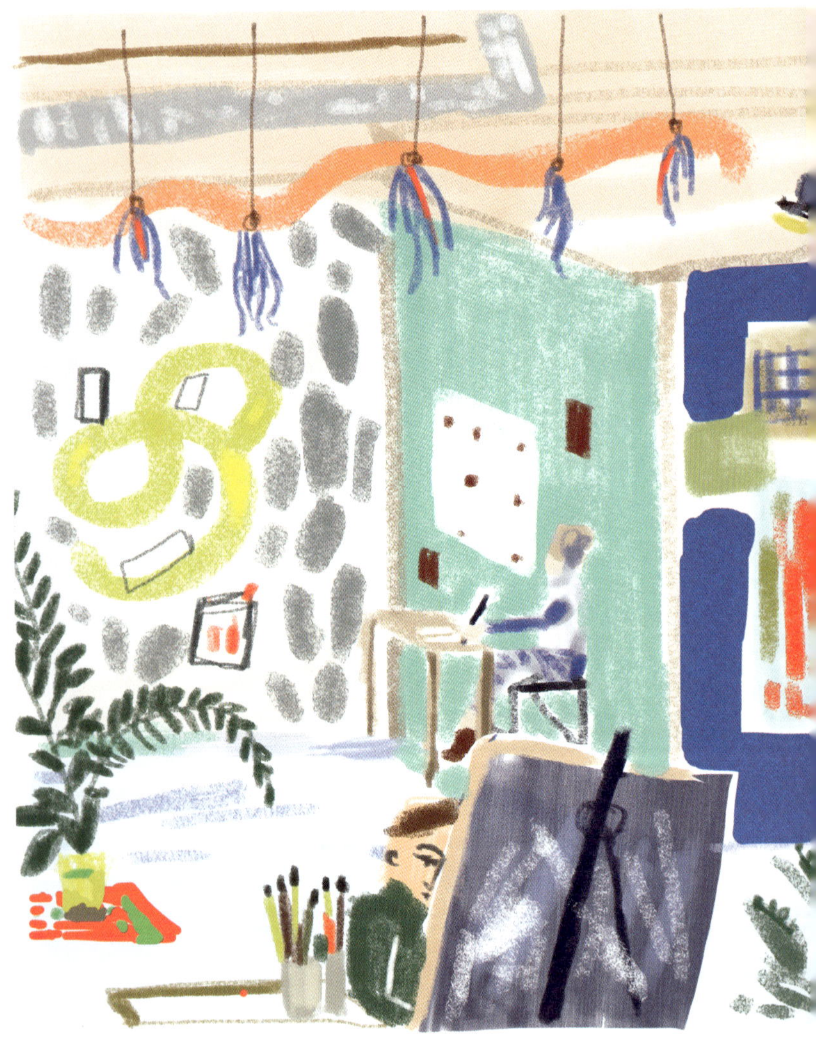

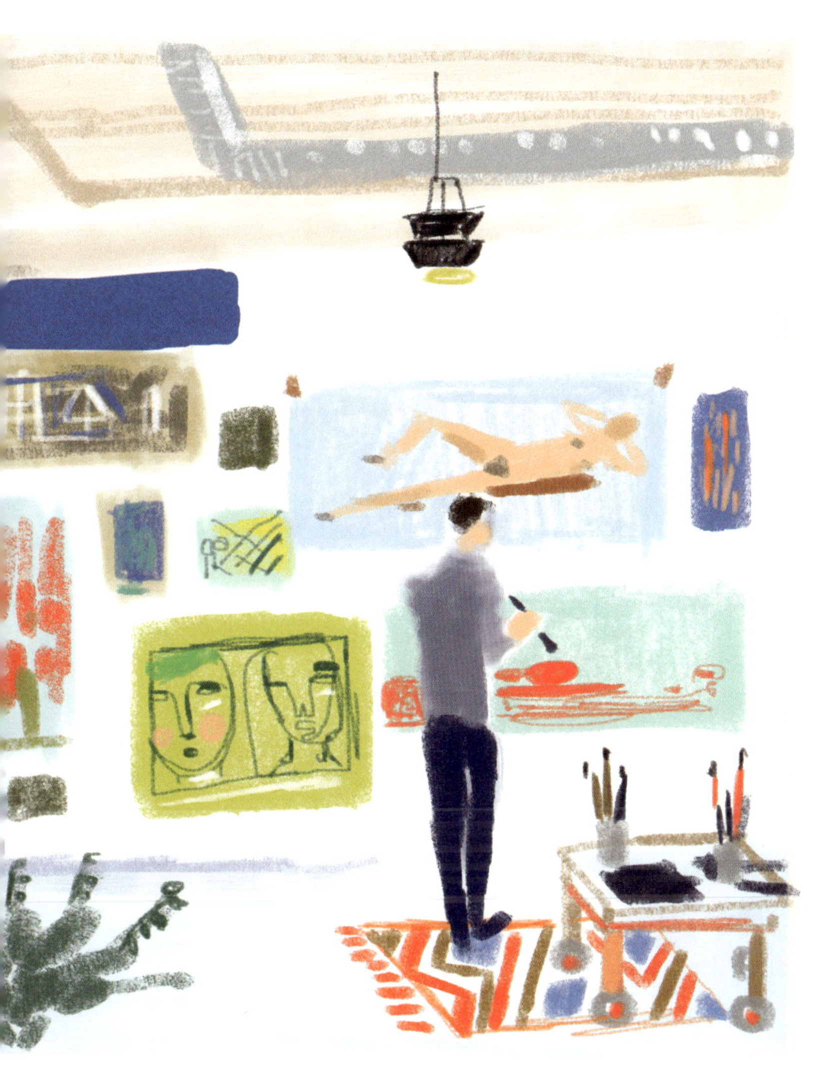

파리의 견공들

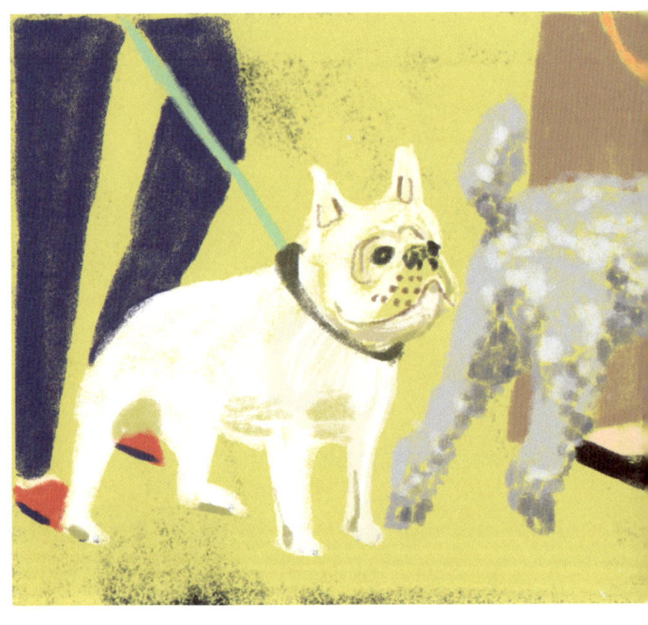

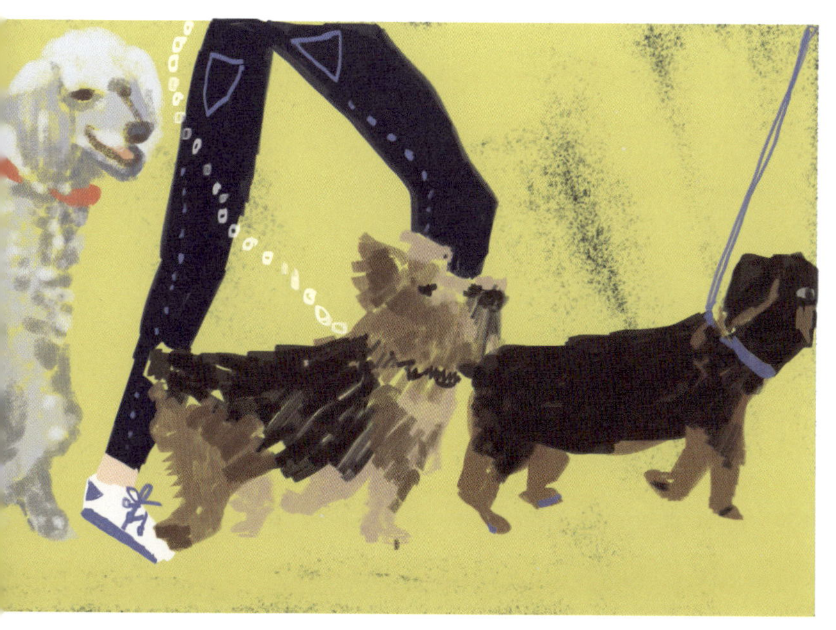

도시의 리듬을 얘기하면서 발 넷 달린 거주자들의 우두두 달음질
소리와 타닥타닥 발걸음 소리를 어떻게 빼놓을 수 있겠는가? 파리
의 견공들은 제 주인들의 길동무가 되어 생제르맹의 좁은 돌길이나
분주한 샹젤리제 거리를 당당히 누비는 동안 그들의 주인에 필적할
만한 정력적이고도 교양 있는 태도를 보여준다.

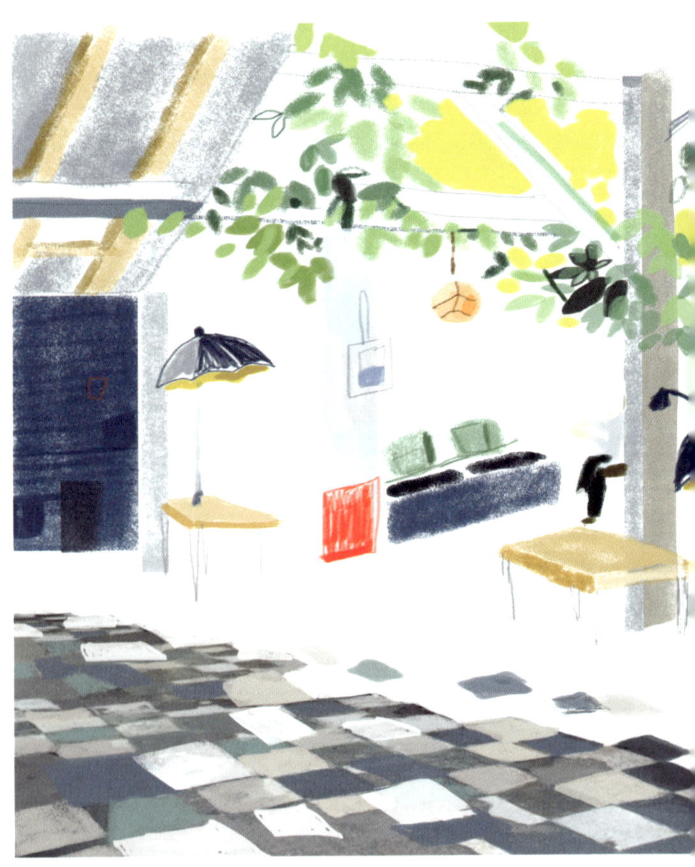
콤투아 제네랄
80 Quai de Jemmapes | 75010

낮

콤투아 제네랄(Le Comtoir Général)은 밤과 낮이 다른 야누스의 얼굴을 가지고 있다. 한낮의 얼굴은 구불구불 조붓한 통로가 이 방 저 방을 이어주는 환하고 생기 가득한 공간이다. 이곳은 파리에서 내가 제일 좋아하는 장소 중 하나다. 내가 맘껏 상상의 나래를 펼칠 수 있게 영감을 주기 때문이다. 이곳은 프랑스어권 아프리카와 카리브 제도를 주제로 한 박물관이자, 술집, 바, 카페이며, 심지어 어린 학생들의 교실 역할을 하기도 한다.

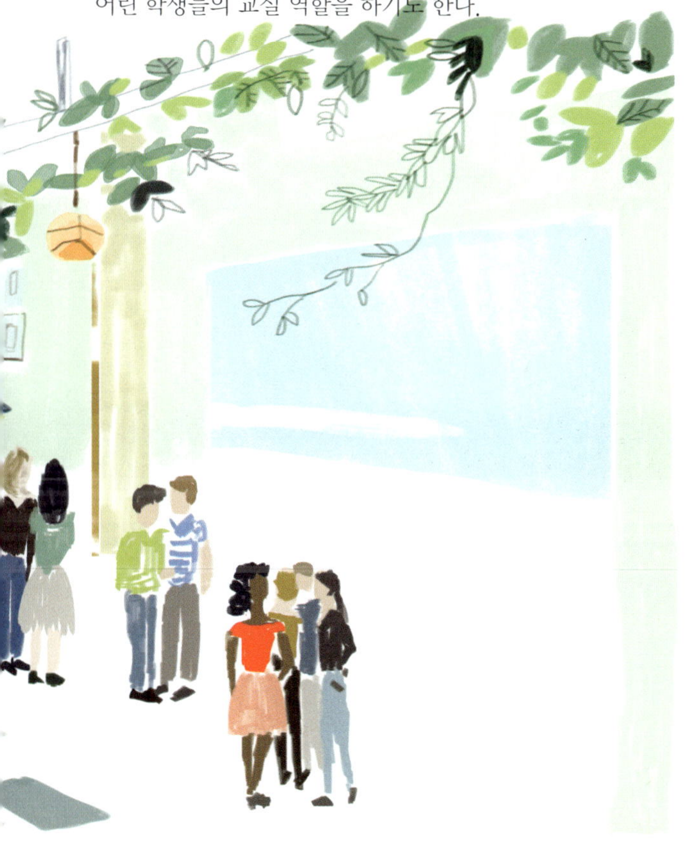

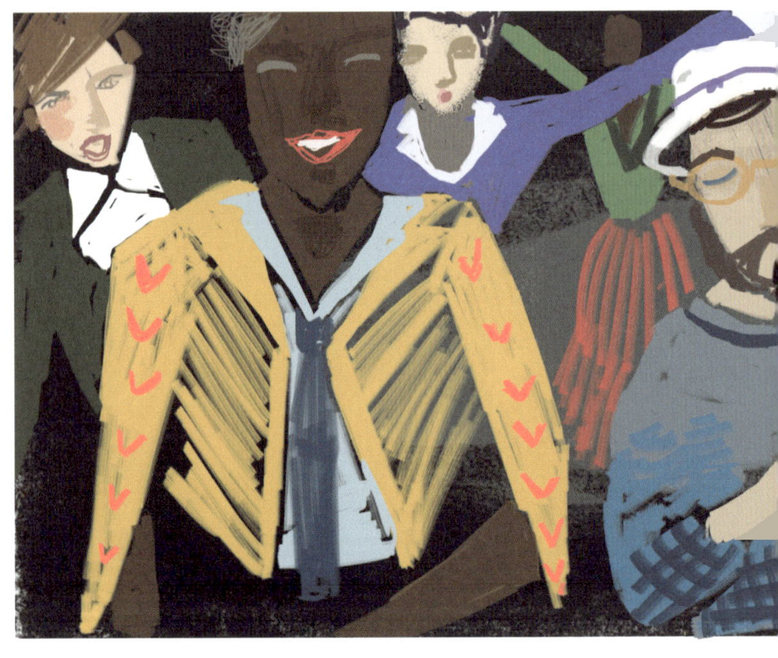

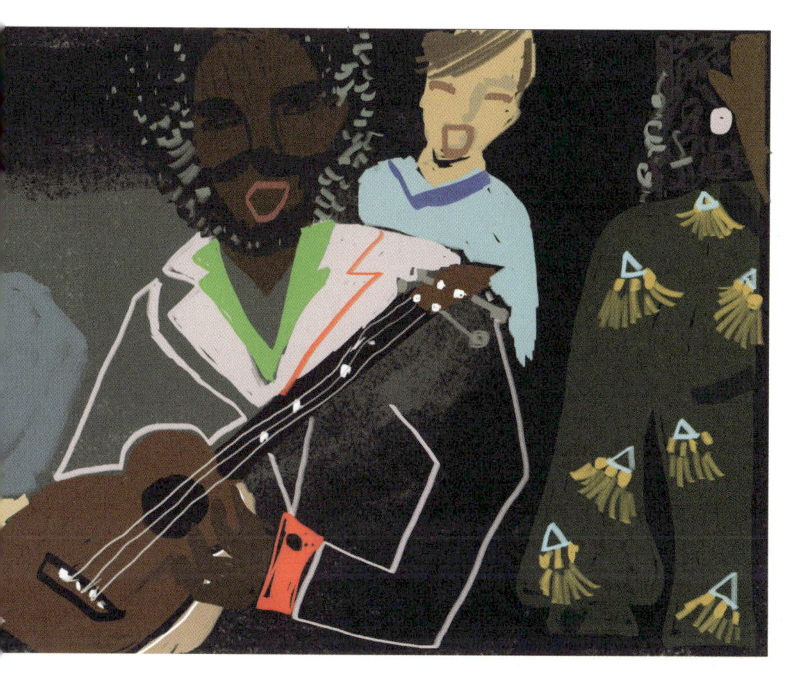

밤

밤이 되면 이곳은 음악 소리와 손님들의 왁자지껄한 소리에 무른
나무 바닥이 흔들릴 정도로 흥청거린다.

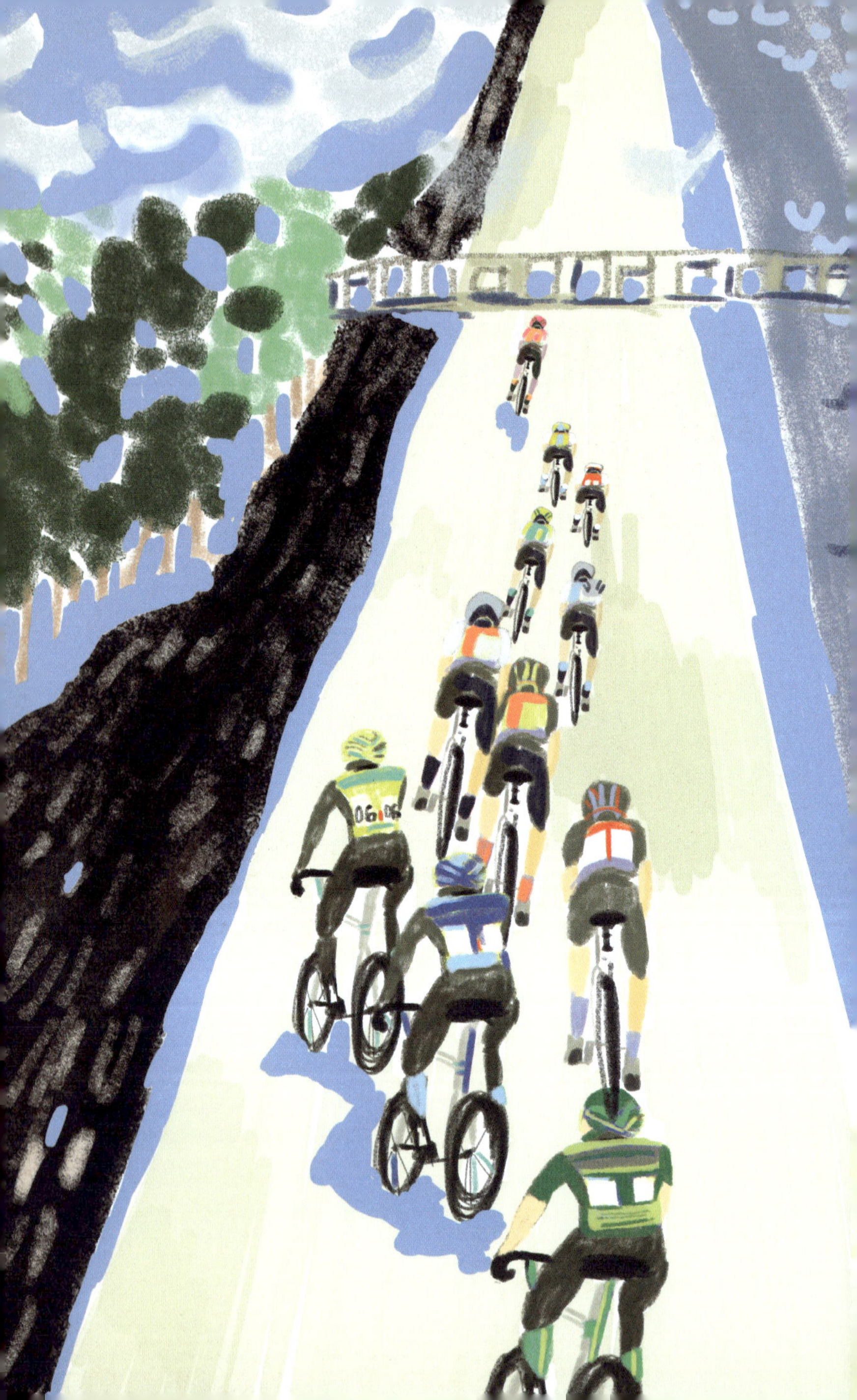

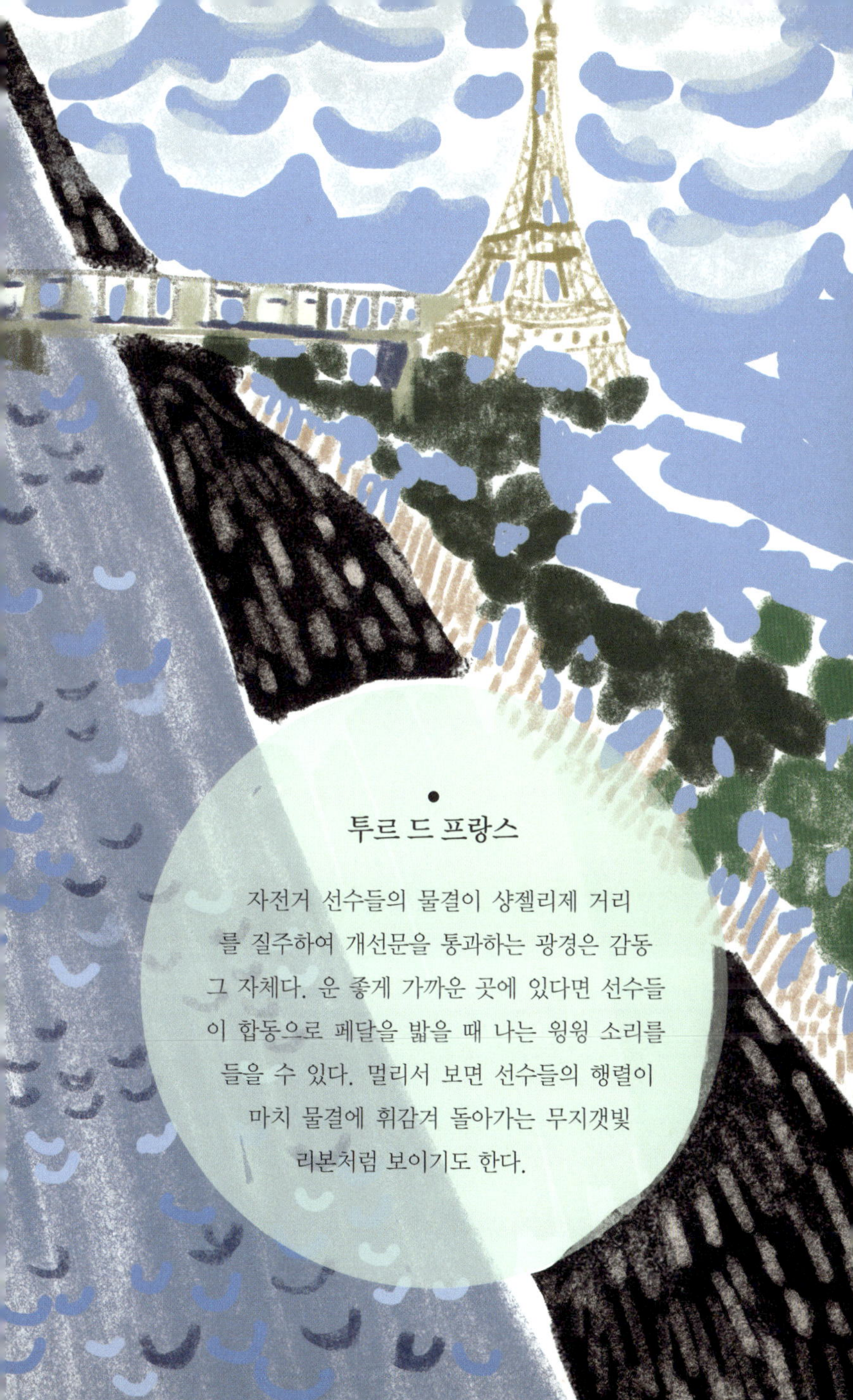

투르 드 프랑스

자전거 선수들의 물결이 샹젤리제 거리
를 질주하여 개선문을 통과하는 광경은 감동
그 자체다. 운 좋게 가까운 곳에 있다면 선수들
이 합동으로 페달을 밟을 때 나는 윙윙 소리를
들을 수 있다. 멀리서 보면 선수들의 행렬이
마치 물결에 휘감겨 돌아가는 무지갯빛
리본처럼 보이기도 한다.

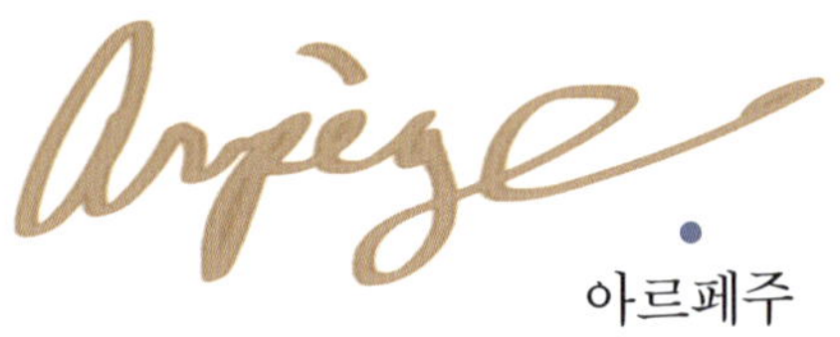

아르페주

84 Rue de Varenne | 75007

알랭 파사르(Alain Passard)의 요리 인생은 그의 나이 열 살 때부터 시작되었다. 그는 수습 요리사 시절, 조리실 특유의 리듬과 활기, 그리고 좋은 기억을 떠올리게 하는 음식 냄새에 심취했다고 한다. 미슐랭 3스타에 빛나는 아르페주는 현재 세계 최고의 레스토랑 가운데 하나로 인정받고 있다.

땅거미가 질 무렵 나를 태운 택시가 불빛이 은은히 비치는 신중함이 묻어나는 현관문 앞에 멈춰 섰다. 곧바로 여종업원의 그림자가 현관문 유리창에 어른거렸다. 그녀가 나를 레스토랑 안으로 안내하는 동안 나머지 종업원들은 창밖을 주시하며 다른 손님들의 도착을 기다리고 있었다. 나는 자리에 앉자마자 알랭 파사르와 그의 팀이 펼치는 요리의 향연 속으로 휩쓸려 들어갔다. 채소 중심의 코스 요리들이 마치 순서에 맞게 들어왔다 빠지는 교향악단 연주자들처럼 적절한 타이밍에 착착 등장했다. 맑은 수프 속에는 보석 같은 작은 덤플링이 떠 있었다. 가자미 한 마리가 여봐란듯이 식탁 위로 내려 앉았다. 얇게 저민 가리비 조갯살 요리가 모자이크 예술작품처럼 등장했다. 식사가 끝날 무렵 파사르 씨가 나와서 손님 한 명 한 명에게 인사를 건넸다. 마치 연주가 끝난 뒤에 관객들에게 고개 숙여 인사하는 교향악단 지휘자처럼.

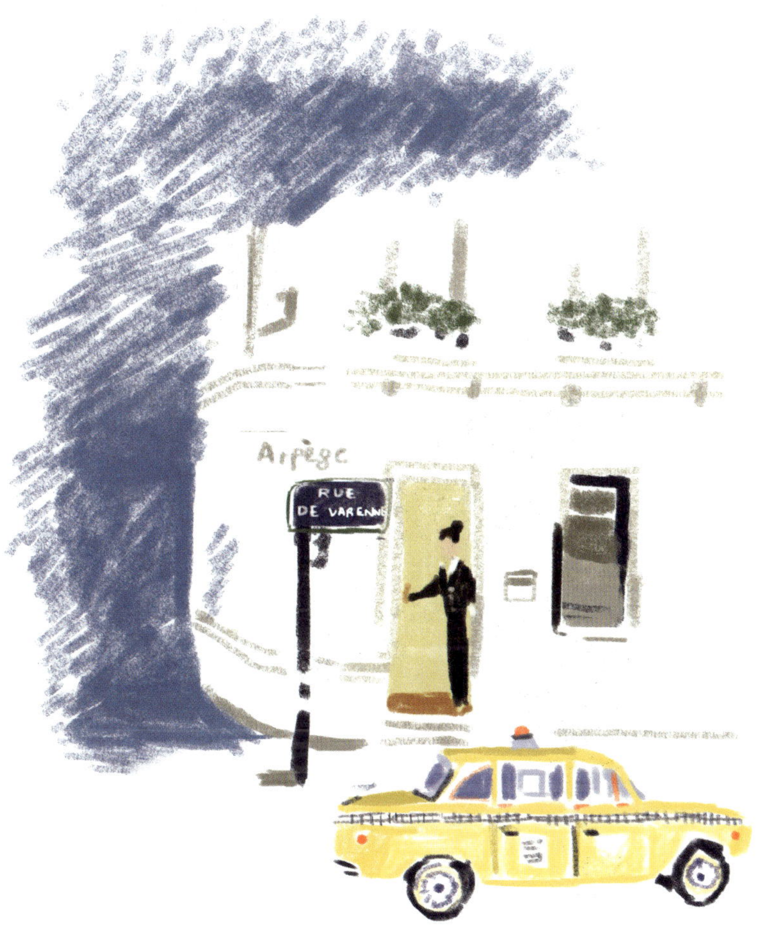
Arpège
RUE
DE VARENNE

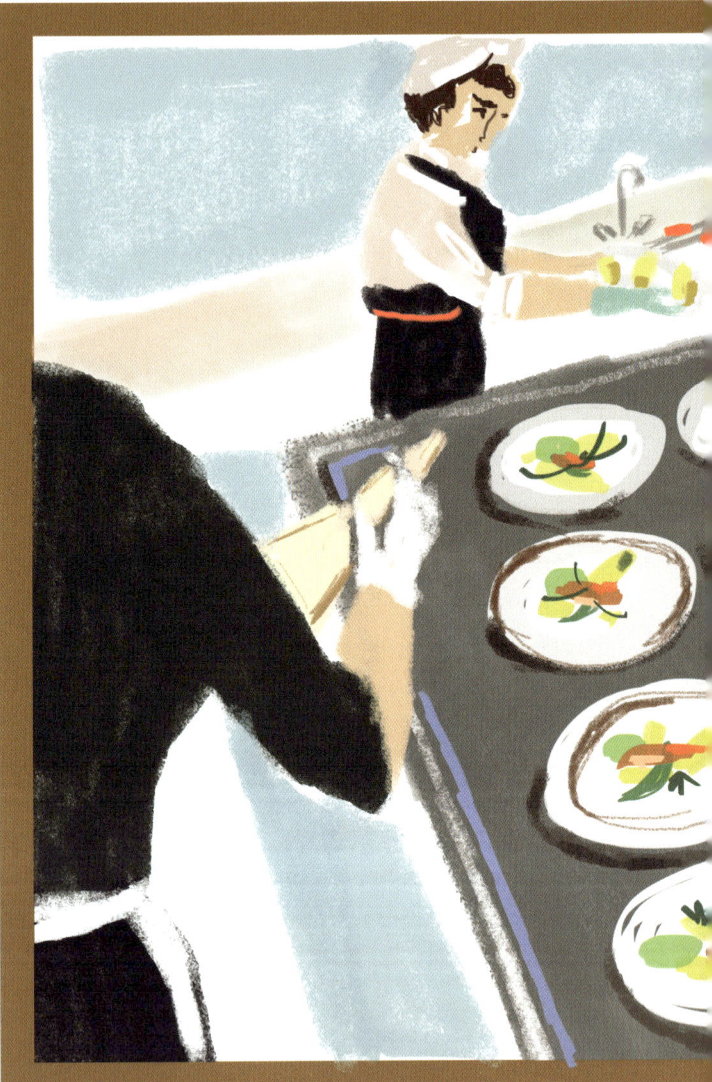

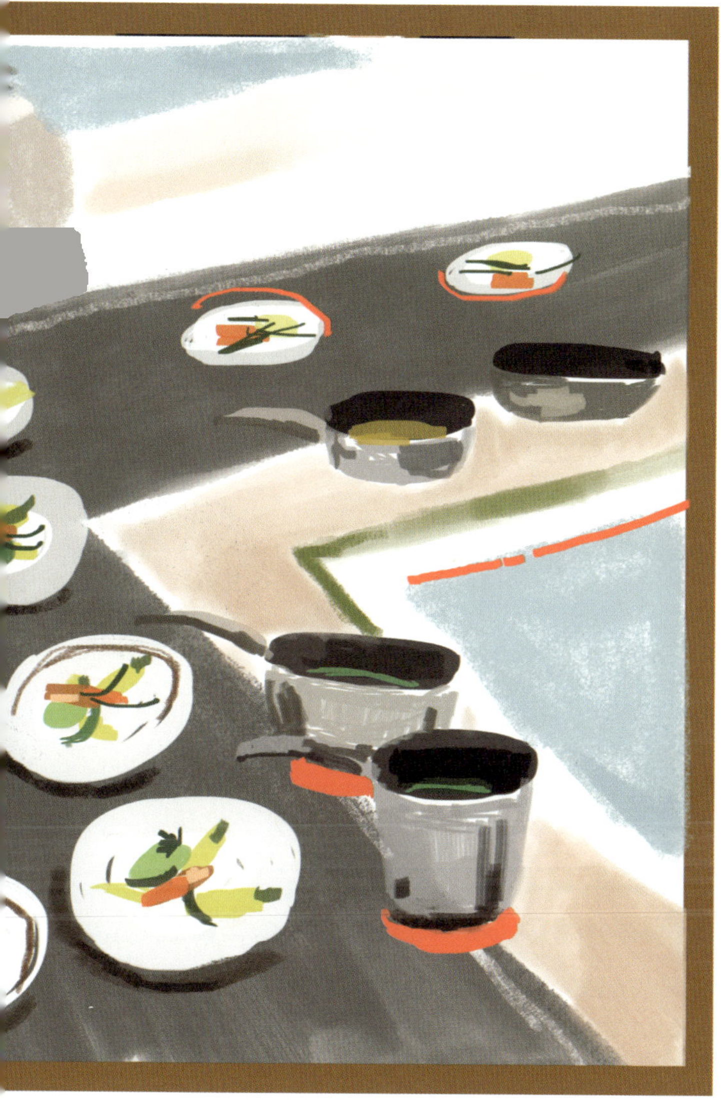

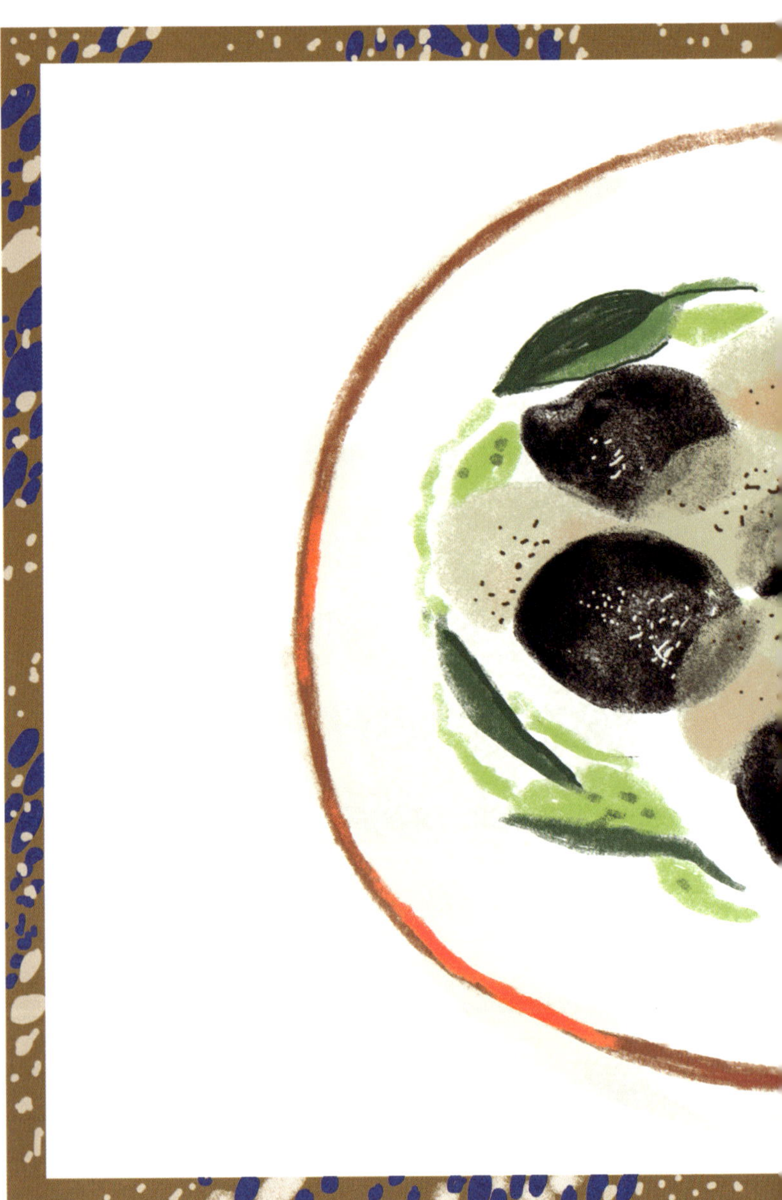

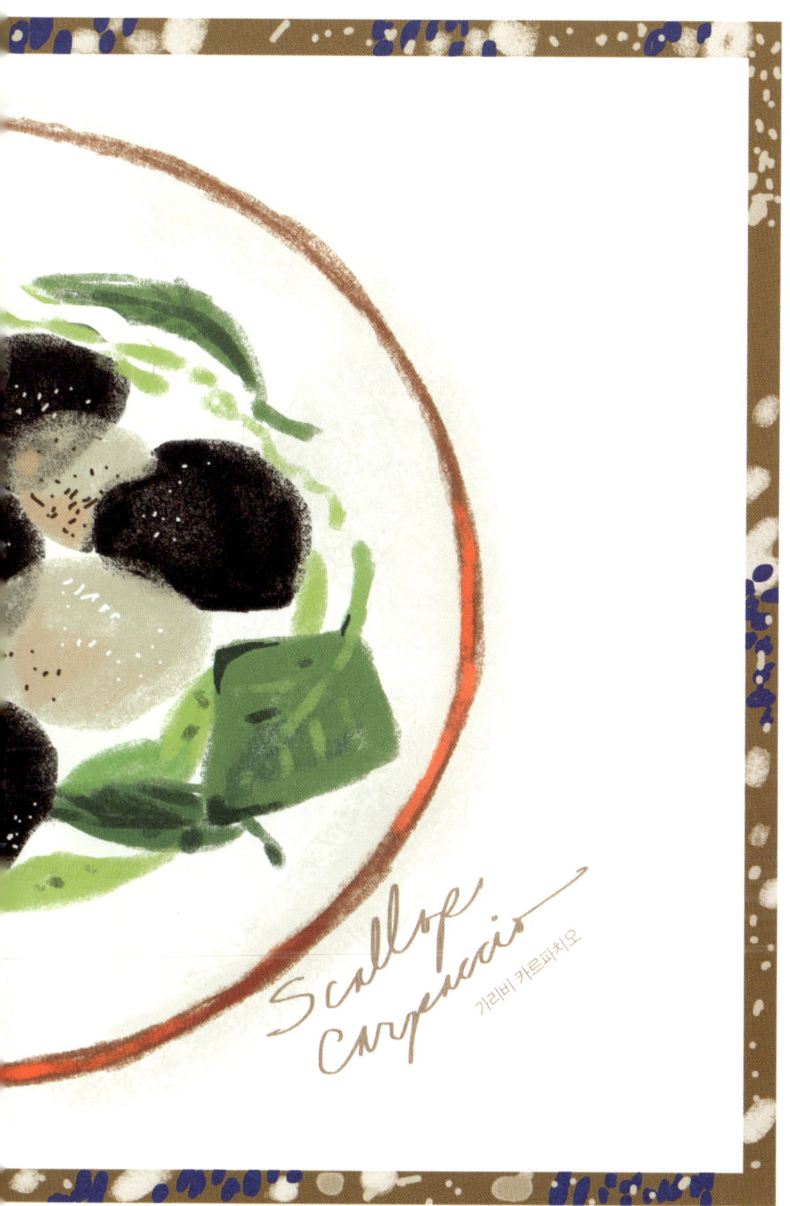

Scallop Carpaccio
가리비 카르파치오

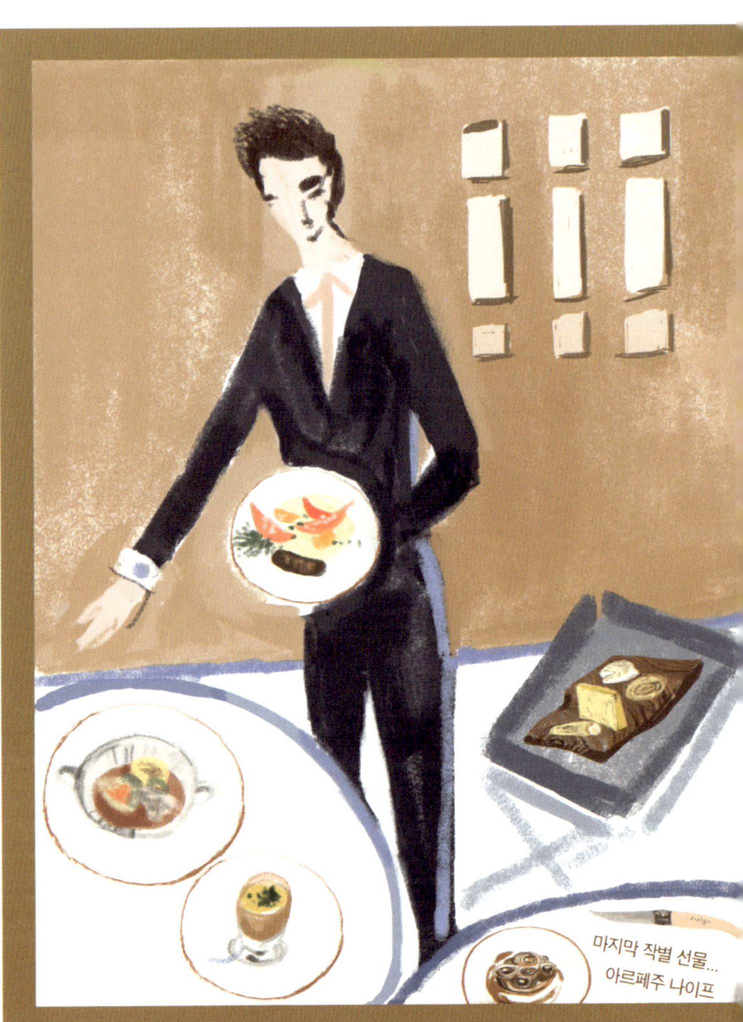
마지막 작별 선물...
아르페주 나이프

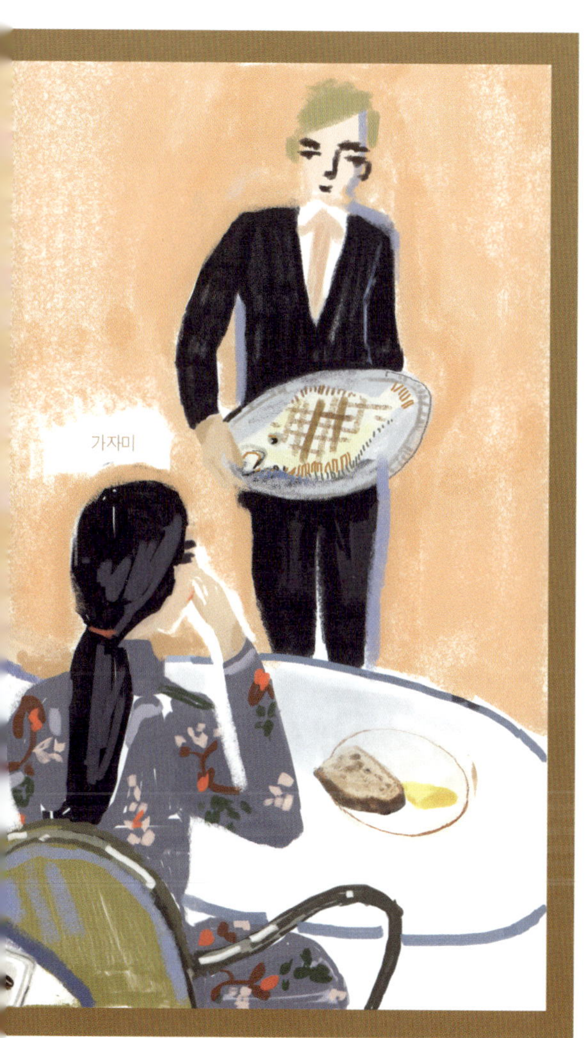
가자미

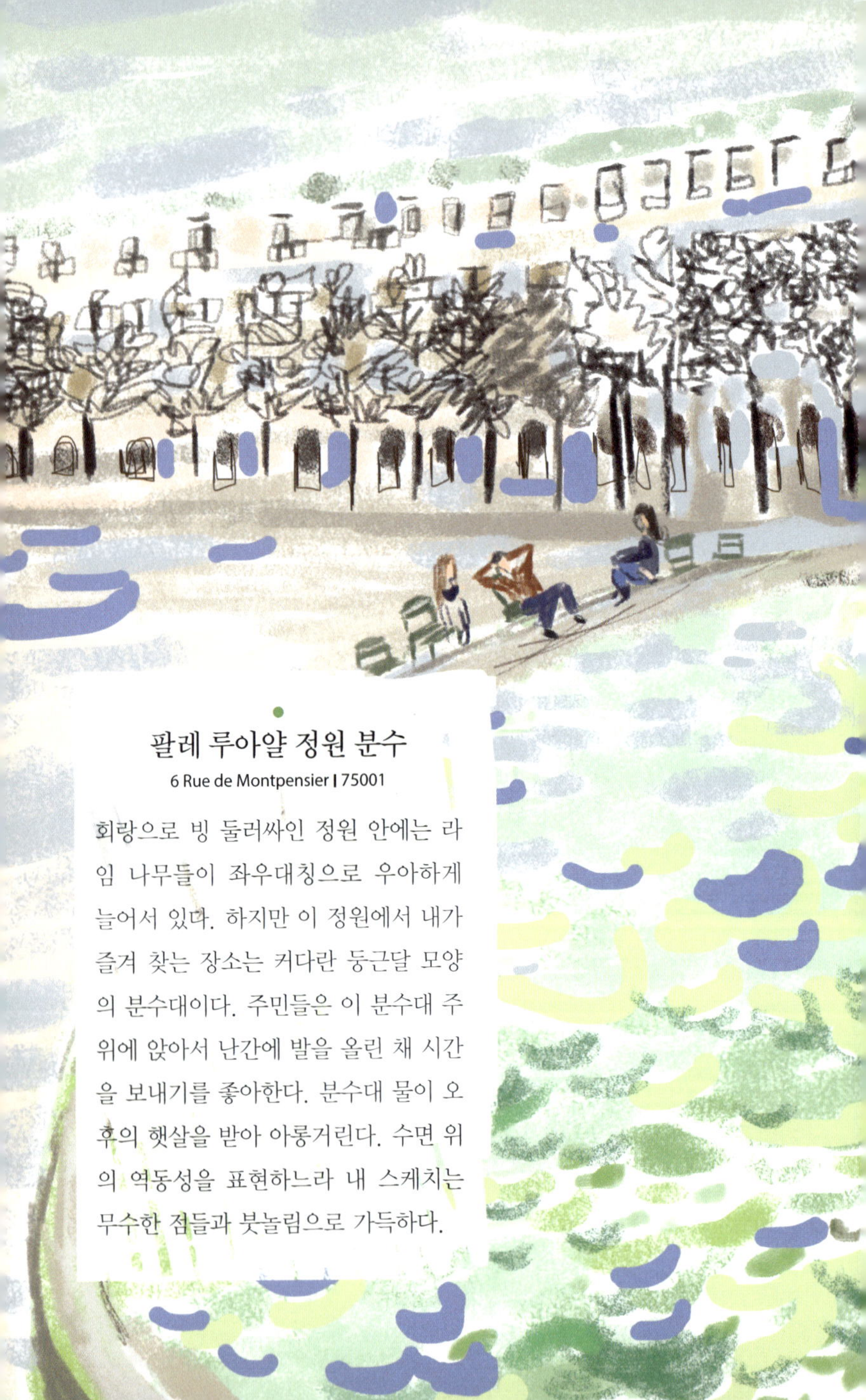

팔레 루아얄 정원 분수

6 Rue de Montpensier **I** 75001

회랑으로 빙 둘러싸인 정원 안에는 라임 나무들이 좌우대칭으로 우아하게 늘어서 있다. 하지만 이 정원에서 내가 즐겨 찾는 장소는 커다란 둥근달 모양의 분수대이다. 주민들은 이 분수대 주위에 앉아서 난간에 발을 올린 채 시간을 보내기를 좋아한다. 분수대 물이 오후의 햇살을 받아 아롱거린다. 수면 위의 역동성을 표현하느라 내 스케치는 무수한 점들과 붓놀림으로 가득하다.

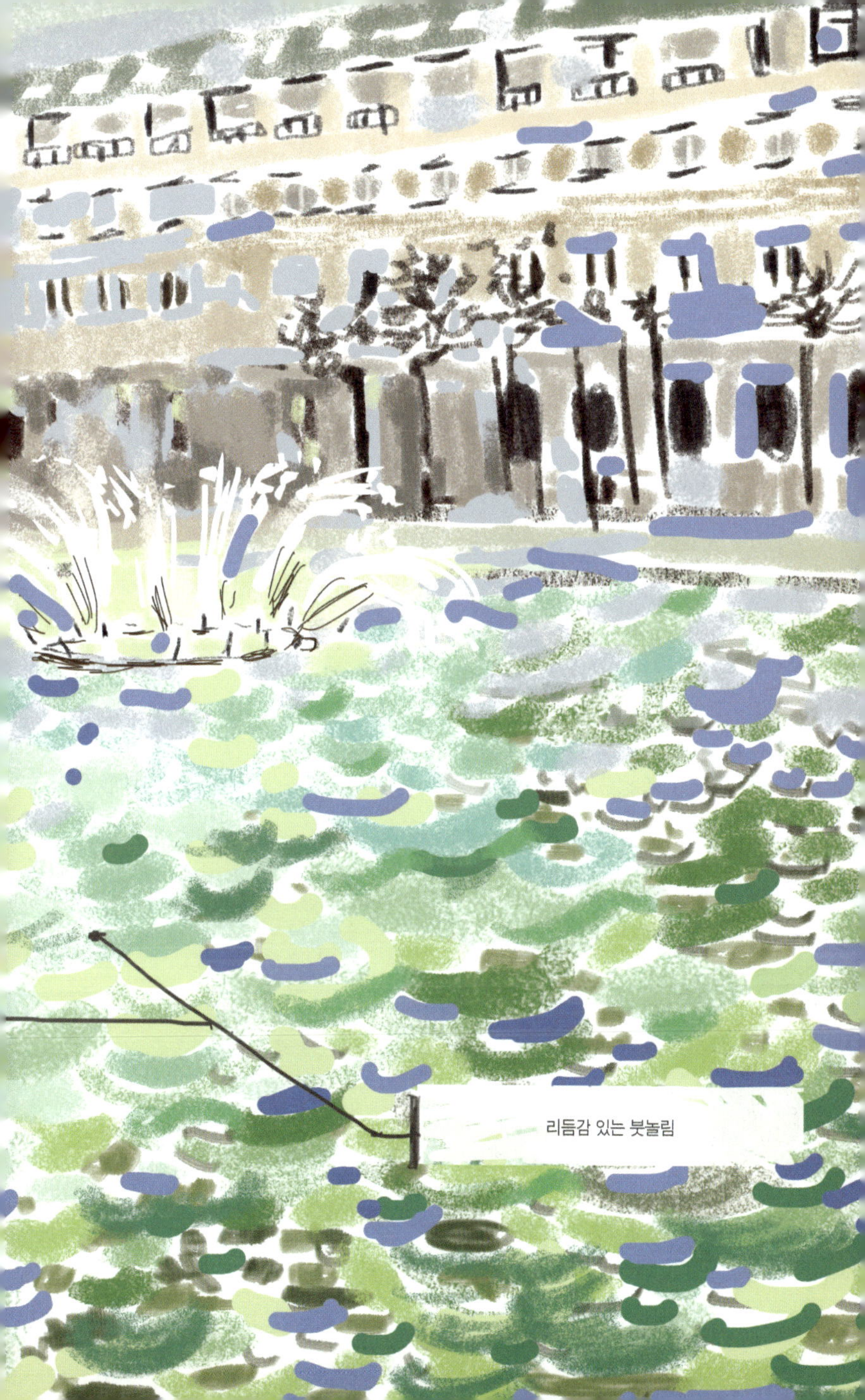
리듬감 있는 붓놀림

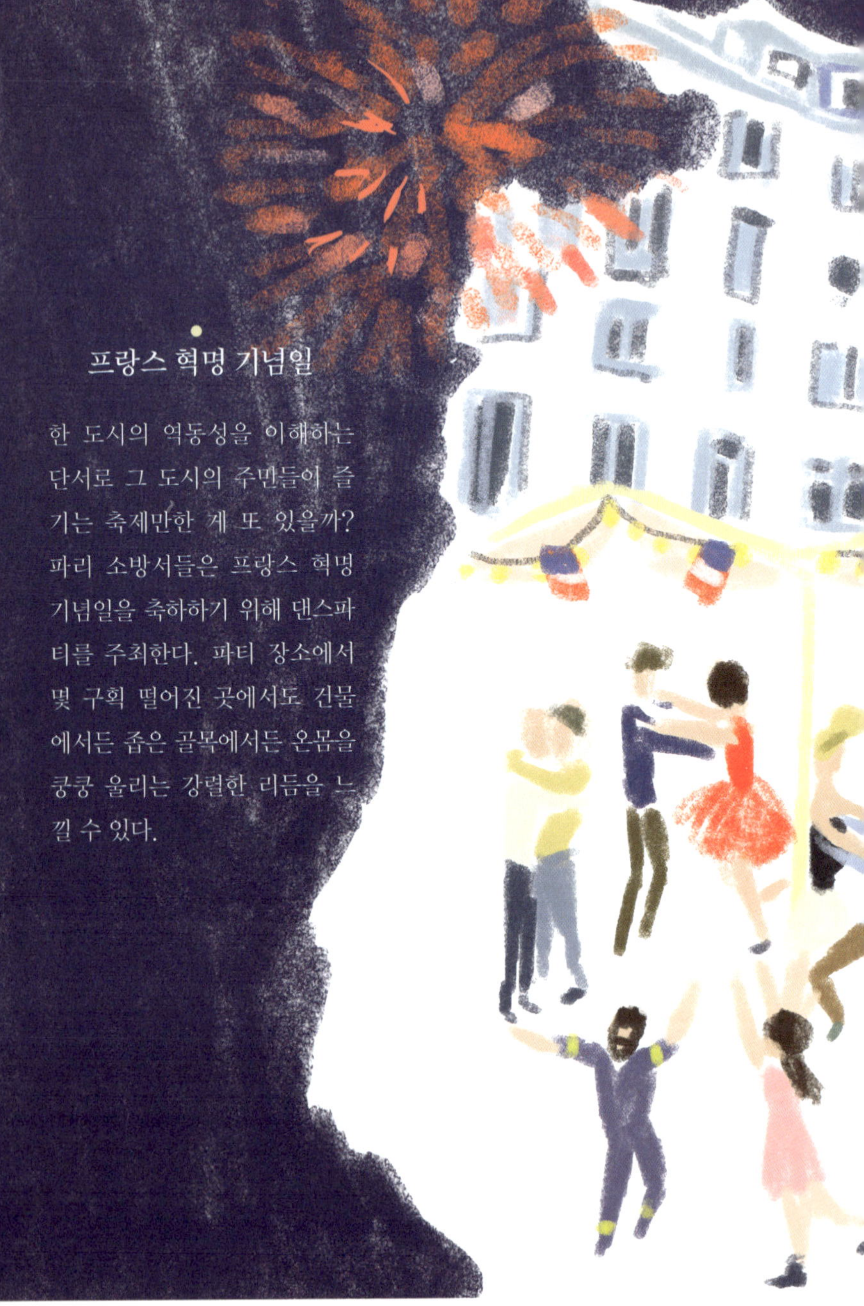

프랑스 혁명 기념일

한 도시의 역동성을 이해하는 단서로 그 도시의 주민들이 즐기는 축제만한 게 또 있을까? 파리 소방서들은 프랑스 혁명 기념일을 축하하기 위해 댄스파티를 주최한다. 파티 장소에서 몇 구획 떨어진 곳에서도 건물에서든 좁은 골목에서든 온몸을 쿵쿵 울리는 강렬한 리듬을 느낄 수 있다.

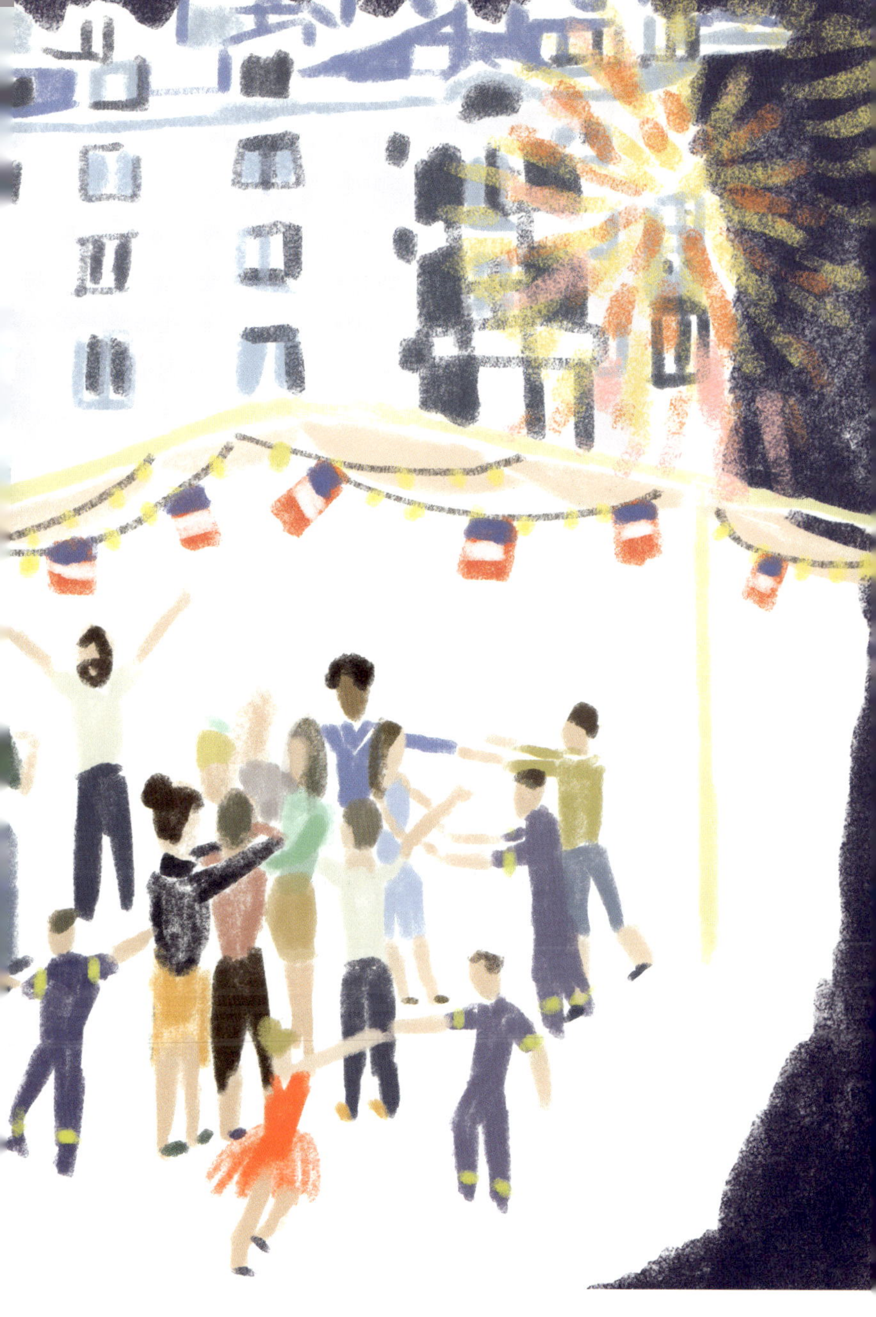

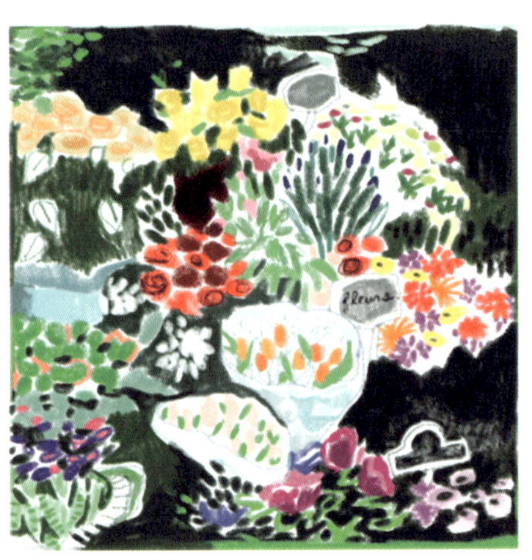
fleurs

감사의 글

내가 직접 그림을 그리고 글을 써서 책을 낸다는 것은 지금까지 하나의 꿈에 지나지 않았다. 이러한 꿈을 현실로 만들 수 있게 도움을 주신 분들에게 심심한 감사를 전하고 싶다. 먼저 변함없이 나의 가능성을 믿어준 나의 에이전트 케이트 우드로에게 감사드린다. 파리의 거리에 대해 두서 없이 주절주절 늘어놓은 이야기가 한 권의 책으로 탄생되기까지 긍정적이고 전문적인 도움을 주신 편집자 베카 헌트에게 감사드린다. 진정한 헌신과 조력을 아끼지 않으면서 젊은이들에게 직업 윤리의 모범을 보여준 모니크 프리쳇에게 고마움을 전한다. 마지막으로 RB에게 감사를 전하고 싶다. 더 없이 훌륭한 지식과 안목으로 파리를 소개하고 나를 일깨워 주었으며 파리의 구석구석을 함께 누볐던, 그리고 그 외에도 많은 도움을 주었던 당신의 은혜는 결코 잊지 못할 것이다.

용어 풀이

망디앙 mendiant

아몬드, 무화과, 개암, 포도의 네 가지 과일로 만든 디저트

프랄린 praline

견과류, 술, 버터 등으로 속을 채운 벨기에식 초콜릿

메달리온 medallion

동물이나 꽃 등으로 돋을 새김한 원형 장식

트롱프뢰유 trompe-l'oeil

'눈속임, 착각을 일으킴'이란 뜻으로 실물로 착각할 정도의 생생한 그림

인더스트리얼 스타일 industrial style

산업 혁명시대 나타났던 공장, 대형 건물 등 대량 생산을 상징하는 분위기
나 요소들을 인테리어에 적용시킨 스타일

미니파베 mini-pavè

다양한 재료로 속을 채워 풍미를 살린 한 입 크기의 작은 빵

태피스트리 tapestry

여러 가지 색실로 그림을 짜 넣은 직물

킬림 kilim

터키 융단의 일종으로 굵은 털실로 색실무늬 짜기와 같이 씨실에 여러 가지 색의 털실을 이용한 파일이 없는 카펫

비스퀴 조콩드 biscuit Joconde

〈모나리자〉의 실제 모델인 조콩드 부인이 만들기 시작한 것으로 알려져 있는 고소한 아몬드 향이 풍기는 얇은 케이크 시트

아트리움 atrium

보통 지붕이 유리로 덮여 있는 건물 중앙의 넓은 공간

아프로프렌치 Afro-French

아프리카풍이 가미된 비트 있는 프랑스 음악

보디스 bodice

드레스의 상체 부분, 다시 말해 소매와 깃을 제외한 몸통 부분

투르 드 프랑스 Tour de France

매년 7월 프랑스에서 개최되는 세계 최고 권위의 일주 사이클 대회

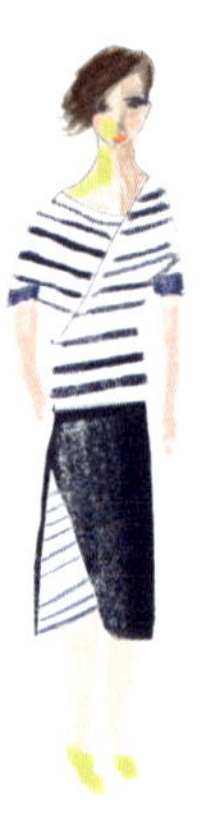